AF452865

LE DUC DE BERRY.

A PARIS, CHEZ SAINTIN, LIBRAIRE,

RUE DU FOIN SAINT-JACQUES, N.° 11.

LE DUC DE BERRY,

OU

VERTUS ET BELLES ACTIONS

D'UN BOURBON.

PAR ÉDOUARD HOCQUART

PARIS,

DE L'IMPRIMERIE DE DIDOT LE JEUNE,

RUE DES MAÇONS-SORBONNE, N° 13.

1820.

AVERTISSEMENT.

En publiant cet ouvrage, je n'ai point prétendu écrire la vie du prince dont la mémoire sera long-temps chère à la France. Un noble pair s'est chargé de cette tâche; inspiré par le sujet, il imprimera sans doute à son ouvrage le cachet de ce talent sublime qui l'a placé au premier rang de nos écrivains. J'ai seulement essayé de renfermer dans un cadre nouveau le tableau des belles actions de Son Altesse Royale Monseigneur le Duc de Berry. Il m'a semblé que l'idée d'associer aux productions d'un crayon habile un récit simple mais fidèle de ses vertus devait mériter l'approbation des amis de la monarchie. Heureux si je me suis acquitté d'une manière satisfaisante de la tâche que je me suis imposée!

Je n'ai rien négligé pour me procurer des renseignemens exacts sur les faits que contient cet ouvrage. Plusieurs personnes attachées à la maison de Monseigneur le Duc de Berry ont bien voulu me communiquer à cet égard des renseignemens précieux; je leur en té-

moigne ici toute ma reconnaissance. J'ai également con-
sulté les écrits que l'on a publiés; quelques-uns seulement m'ont offert des traits inédits ou peu connus,
mais dans tous j'ai trouvé des sentimens d'amour pour
l'auguste Prince dont la France déplore la perte.

LE DUC DE BERRY,

ou

VERTUS ET BELLES ACTIONS

D'UN BOURBON.

La France commençait à jouir du repos à l'ombre des lis.
Elle envisageait avec orgueil un jeune prince placé sur les
degrés du trône, et se consolait de ses sanglans revers en
voyant dans sa postérité l'espoir d'un long avenir de bonheur.

Heureux au sein de sa famille, au sein de la France, le
Prince jouissait de l'amour d'une épouse chérie. Déjà il se
voyait renaître dans une fille, gage précieux de fécondité.
Ainsi que son auguste frère, marquant chaque jour par un
nouvel acte de bienfaisance, il embellissait sa vie du souvenir des heureux qu'il avait faits. Dans le cœur de tous
ceux qui avaient le bonheur de l'approcher se confondaient
l'affection et le respect. Digne petit-fils de Henri IV, il rap-
pelait souvent par ses actions le souvenir de son illustre
aïeul : c'était sa loyauté, son courage, sa noble confiance ;
c'était sa franchise et sa magnanimité.

Tel était le duc de Berry, lorsqu'un monstre exécrable leva un bras parricide, et le tombeau s'ouvrit sous les pas du Prince...... Mais d'où vient qu'au milieu des gémissemens et des larmes, entouré de l'appareil lugubre de la mort, la victime royale seule reste calme? Son regard est serein; son front n'est pas obscurci par la crainte. C'est que la religion règne dans son âme; elle lui inspire ce courage qui soutient l'homme jusqu'au dernier moment, et lui fait envisager sans effroi l'horreur du tombeau. S'il éprouve quelque affliction, c'est de quitter ce qu'il aime; c'est de mourir de la main d'un Français...... Mais, ô sublime ascendant de la vertu sur une âme généreuse! il pardonne à son meurtrier, il sollicite sa grâce...... Un avenir prophétique se déroule à ses yeux, et son dernier soupir est pour la France.

Mais la Providence a déjà préparé ses voies miraculeuses. Le crime ne triomphera pas; de la tige que sa main a renversée s'élèvera un rejeton : puisse-t-il, justifiant l'espoir de la France, raffermir à jamais l'antique race des Bourbons!

Français! ralliez-vous autour du trône; qu'il soit votre appui comme vous serez le sien. Redoublez d'amour pour l'auguste descendant de saint Louis. Il veut être votre père, soyez ses enfans! Repoussons avec horreur ces doctrines perverses qui ont armé le bras d'un parricide, et qui menacent la société d'une entière subversion! Fuyons ces hommes criminels qui essaient chaque jour de rallumer par de perfides suggestions le feu mal éteint des passions, afin de s'élever à la fortune et au pouvoir! Ce qu'ils appellent *liberté* n'est qu'une affreuse licence, leur patriotisme et leur philosophie un vain masque dont ils couvrent de pernicieux desseins. Cœurs arides et glacés, pour mieux réussir dans vos projets corrupteurs, vous voulez rompre les liens d'amour qui unissent les peuples aux princes, les enfans aux auteurs de leurs jours, et même l'être à son Créateur. Vous appelez la haine et le mépris sur les courtisans qui flattent un prince, et vous-mêmes vous flattez le peuple pour le corrompre. Hommes coupables, en vain vous vous enveloppez du manteau de l'hypocrisie ; l'éternelle vérité vous a déjà dévoilés !

En retraçant le tableau des vertus et des bienfaits de Son Altesse Royale Monseigneur le Duc de Berry, j'ai voulu élever un modeste monument à sa mémoire. Il vivra toujours, sans doute, dans les cœurs français ; mais on aimera à contempler de temps en temps l'image de ses belles actions. Certains hommes peut-être sentiront naître un remords vengeur dans leur âme ; mais, s'il en est parmi eux qui ne soient qu'égarés, puissent-ils, par expiation, se rallier de bonne foi autour du trône qu'ils ont voulu ébranler !

AMOUR DE L'HUMANITÉ.

La vie de Son Altesse Royale Monseigneur le Duc de Berry offrit souvent à l'admiration de la France de ces traits touchans qui annoncent une âme sensible, un ardent amour de l'humanité. Il s'identifiait avec l'être souffrant, et se livrait sans éclat et sans faste aux actes de la plus sublime bienfaisance. Durant les campagnes de l'armée du prince de Condé, on l'a vu plus d'une fois sur le champ de bataille et dans les hôpitaux prodiguer les consolations et les secours les plus touchans à des prisonniers français, à des hommes qui ne s'étaient armés que pour le repousser du sein de sa patrie : à ses yeux un Français malheureux n'était plus un ennemi ; c'était un homme, c'était un frère.

Le Duc et la Duchesse de Berry, revenant un jour de la promenade dans leur calèche, rencontrèrent, non loin du pont de Neuilly, un dragon de la garde royale renversé de son cheval, et ayant la jambe cassée. Le prince et la princesse mettent aussitôt pied à terre, s'approchent du blessé, lui prodiguent des secours, des consolations, et le font placer dans leur calèche avec toutes les précautions possibles ; puis ils ordonnent qu'on le conduise à l'Élysée, et qu'on fasse venir un chirurgien. Leurs Altesses Royales revinrent ensuite à pied depuis le pont de Neuilly jusqu'au

Ils s'approchent du trône...

jardin Beaujon, où elles attendirent qu'on eût fait venir une autre voiture.

Voici un autre trait où respirent également l'humanité et la bienfaisance.

Le Duc de Berry passait un jour en cabriolet sur le boulevard des Italiens. Son Altesse Royale, vêtue très-simplement, conduisait elle-même. Un individu, qui traversait imprudemment la chaussée, est atteint par le brancard et renversé. Le Prince, qui ne s'en était point aperçu, continuait sa route, lorsqu'un homme se met à crier *arrête !* Le Duc de Berry se rend à cette voix ; les curieux s'assemblent autour du cabriolet, et l'individu, qui heureusement n'était que très-légèrement blessé, devient l'objet de leur sollicitude. Son Altesse Royale descend, lui donne sa bourse, et prend son adresse. Mais le même homme qui avait crié *arrête !* persiste à vouloir que le cabriolet soit conduit avec le maître chez le commissaire de police. La foule augmentait, et plusieurs personnes, ayant très-probablement reconnu le Prince, l'aidèrent à remonter, il partit. Dès le lendemain, Son Altesse Royale se rend à pied et sans suite au faubourg Saint-Antoine, où logeait l'homme qu'elle avait renversé ; elle monte un escalier étroit, pénètre dans un obscur réduit, et reconnaît l'objet de sa sollicitude, qui déjà se ressent à peine de son accident. Le Prince l'interroge avec bonté sur son état, sur ses moyens d'existence ; le malheureux balbutie, se trouble, et finit par avouer qu'il a déserté les drapeaux de sa légion. Son Altesse Royale lui adresse quelques exhortations, et lui fait sentir avec douceur toute l'énormité de sa faute; puis elle se retire, mais c'est pour achever son ouvrage. Le généreux Prince croit n'avoir encore rien fait en hâtant par tous les moyens possibles la guérison du déserteur, s'il ne le soustrait à l'ignominie d'une condamnation, et il le fait amnistier.

On sait que la maison du Roi et les volontaires royaux, cantonnés à Alost sous les ordres de Monseigneur le Duc de Berry, ne prirent aucune part à la bataille de Waterloo. Ils ne voulaient point combattre contre des Français; sentiment généreux, bien digne de ces fidèles serviteurs du Roi et du Prince qui les commandait! Mais, après la bataille, le Duc de Berry porta des secours aux blessés et aux prisonniers français. On raconte que le Prince, voyant un militaire dont la plaie n'avait point encore été pansée, tira un mouchoir de sa poche dont il enveloppa la main du soldat, en lui disant : « Va, mon ami, rentre dans ta patrie, et dis à tes ca-« marades que c'est le Duc de Berry qui a mis le premier « appareil sur ta blessure. » Ce brave soldat, ajoute-t-on, préférerait la mort à la perte de ce mouchoir.

BIENFAISANCE, LIBÉRALITÉ.

Durant les longues années que la France passa sous un joug de fer, la bienfaisance fut reléguée loin du trône. Cette vertu, héréditaire chez les Bourbons, revint s'y asseoir avec eux, et l'on vit encore la main d'un prince essuyer les pleurs de l'infortune et répandre en silence des bienfaits. Monseigneur le Duc de Berry partageait avec son auguste famille cette tâche si douce pour des cœurs généreux. Le nom de ce prince venait s'associer à tous les établissemens de bienfaisance. Il avait assuré à la Société philantropique, dont il était président, cinq cents francs par mois; il lui accorda en outre des sommes considérables à titre de secours extraordinaires. Sa générosité s'étendit encore plus loin ; il prit un grand nombre de cartes de dispensaires, qu'il paya comme les autres souscripteurs, et qu'il confia aux personnes les plus capables de les distribuer avec fruit. La Société d'épargnes et de prévoyance, établissement consacré au bien-être des artisans et des domestiques, reçut de lui des dons et des encouragemens. Pour engager les gens de sa maison à placer dans cet établissement le fruit de leurs économies, il doublait de sa cassette la somme que chacun d'eux y versait chaque mois. Les serviteurs du prince voyaient ainsi leur économie récompensée, et les ressources de leur vieillesse doublées par sa générosité.

« Pourquoi n'as-tu pas remis ta cotisation à la Caisse d'épargnes? disait-il à l'un des gens de sa maison. — Monseigneur, c'est que ma femme vient d'accoucher, et qu'il m'a fallu donner tout mon argent pour qu'on ne la mît pas hors de la petite chambre que nous occupons. » Monseigneur le Duc de Berry quitte le domestique, parcourt son palais, appelle, s'informe, découvre une chambre vacante, y fait porter un lit, des meubles, du feu ; puis, quand il a tout vu lui-même : « Écoute, dit-il à l'homme, qu'il fait rappeler, il y a là une chambre pour toi ; conduis-y ta femme, portes-y ton enfant, on les y soignera, et moi je paierai ta cotisation à la caisse (1). »

Son Altesse Royale consacrait annuellement six à sept mille francs au soulagement des pauvres de sa paroisse, et donnait quatre mille francs par an au comité de bienfaisance du premier arrondissement. Le prince disait souvent à M. Cordier, maire de cet arrondissement : « Monsieur le maire, quand vos pauvres auront besoin de moi, ne m'épargnez pas, je vous prie. »

Indépendamment des sommes distribuées à Paris, l'inépuisable bonté de Monseigneur le Duc de Berry répandait de nombreux bienfaits dans les départemens. En 1816, à l'époque de son mariage avec la princesse que le crime vient de livrer à d'inconsolables regrets, en 1816, dis-je, les ministres ayant proposé de fixer à un million par an l'augmen-

----

(1) Notice sur le duc de Berry, lue à l'assemblée générale de la Société philantropique par M. le comte A. de Pastoret.

tation d'apanage nécessité par cet événement, la chambre des députés y ajouta cinq cent mille francs. Le Prince forma aussitôt la noble résolution de consacrer cet excédant de revenu au soulagement des provinces qui avaient le plus souffert de l'invasion. Lorsque des malheurs publics, lorsque de grands fléaux frappaient quelque partie de la France, Monseigneur le Duc de Berry volait au-devant des demandes de l'infortune ; son cœur, toujours accessible à la pitié, éprouvait une vive émotion au récit de quelque calamité, et il n'avait point de repos qu'il n'eût allégé les souffrances qu'elle causait. Les victimes d'un incendie, d'un désastre quelconque, étaient sûres d'obtenir de prompts secours de sa bienfaisance. Il accordait aussi des dons annuels à plusieurs communes ; celle de Sèvres, par exemple, recevait chaque année une somme de cinq cents francs pour ses indigens. Enfin il est reconnu que Son Altesse Royale distribuait annuellement plus de trois cent mille francs en aumônes et en bonnes œuvres.

Le matin même du jour fatal qui l'enleva à la France, ce prince infortuné s'entretenait avec son épouse des bals brillans auxquels ils étaient invités. « C'est fort bien, dit-il ; mais pendant que les riches s'amusent il faut que les pauvres vivent. » Et il donne aussitôt l'ordre de faire porter au bureau de charité un billet de mille francs.

On a vu plusieurs fois Monseigneur le Duc de Berry, se dérobant aux douceurs du repos, quitter de grand matin et sans bruit son palais, pour aller seul et à pied visiter, dans les divers quartiers de la capitale, les établissemens où il fai-

sait distribuer à ses frais des soupes économiques aux indigens. « Ils ne m'attendent pas, disait ce bon Prince, en
« parlant de ceux qui étaient chargés de cette distribution,
« et je veux m'assurer par moi-même si mes pauvres ont
« une nourriture saine et abondante. »

Constamment secondé par la Duchesse de Berry dans ses
actes de bienfaisance, le Prince voyait avec joie les nouveaux
droits que sa charmante épouse acquérait sans cesse à l'amour
de tout ce qui l'entourait. Il semblait qu'une douce émulation les animât l'un et l'autre pour alléger le poids de la
misère et sécher les larmes de l'infortune. Un jour, sortant
de l'Élysée, ils trouvèrent sur leur passage une mère suivie
de sa nombreuse famille. Elle venait remercier la Duchesse
des bienfaits qu'elle en avait reçus. La plus jeune de ses filles
s'étant approchée d'elle : « Je m'en suis chargée, dit la Prin-
« cesse en la présentant à son époux. — Bien, ma bonne
« Caroline, lui dit le Duc de Berry, j'aime à te voir ainsi
« augmenter notre famille ! »

Retracer ici tous les actes de bienfaisance auxquels Monseigneur le Duc de Berry se livrait journellement serait une
tâche immense. Je me bornerai à rappeler quelques-uns des
traits les plus saillans où se peint sa belle âme.

On sait que Son Altesse Royale joignait à l'amour des arts
un goût éclairé qui le rendait juste appréciateur des productions de la peinture. Le consul de France à Anvers, ayant
appris qu'une superbe galerie de tableaux venait d'être mise
en vente dans cette ville, écrivit au duc de Berry pour l'en
informer, lui demandant s'il ne souhaitait point d'acquérir

quelques-uns des objets qui composaient cette collection,
en le priant de lui faire connaître ses intentions. Le Prince,
en réponse, l'invita à choisir lui-même ce qui lui paraissait
le mieux mériter son attention, lui assurant de la manière la
plus obligeante qu'il s'en rapportait à son goût et à son ju-
gement. Le consul écrivit de nouveau et s'excusa, disant que
cette commission était au-dessus de ses forces, et le conjurant
d'envoyer un homme de confiance qui pût faire ce choix
conjointement avec lui. Quelque temps après, il reçut du
Prince une réponse dont voici à peu près la substance :
« Mon cher monsieur Despalières, j'ai réfléchi à votre pro-
position, et j'ai résolu d'ajourner l'emplette dont je vous
avais chargé. Dans un temps où mes pauvres appellent toute
ma sollicitude, je me reprocherais d'acheter si cher un
plaisir dont je puis me passer. »

Un ancien émigré totalement dépouillé de sa fortune sol-
licitait une pension. Désespéré, après de nombreuses dé-
marches, de ne point obtenir de réponse, il prend la liberté
d'implorer la protection de Monseigneur le Duc de Berry.
La croix de Saint-Louis qu'il porte sur sa poitrine le fait
admettre sans peine jusque dans le cabinet du Prince. Il est
questionné, et il est entendu avec le plus touchant intérêt.
« Vous courez le risque, lui dit enfin Son Altesse Royale,
d'attendre long-temps encore : mais il y aurait un moyen
d'arranger votre affaire sur-le-champ ; ce serait de toucher
dès aujourd'hui chez moi le premier quartier de votre pension, et d'y revenir exactement par la suite. » Le vieux che-

valier, ému jusqu'au fond de l'âme, n'avait pas la force de répondre. Interprétant mal son silence : « Je sens, lui dit le Prince, qu'il vous serait plus doux de tenir du Roi ce que je vous offre ici : mais que votre fierté n'en souffre pas ! Vous défend-elle d'accepter ce léger service d'un camarade et d'un ami ? » Et, en disant ces paroles, le digne fils du bon Henri lui tendait une main que le vieux serviteur des Bourbons mouilla des larmes de la reconnaissance.

Vers la fin de janvier dernier, une dame éprouvant un moment de gêne dans sa fortune, voulut se défaire d'un très-joli tableau que lui avait donné un de ses parens. Connaissant le goût du Prince pour les productions des arts, elle pria une personne attachée à la maison du duc de Berry de l'offrir à Son Altesse Royale, en lui assurant qu'il était estimé cinq cents francs. La personne s'acquitta de sa commission. Lorsque le Prince eut entendu le nom de la dame, il dit : « Son mari est un de mes camarades de l'armée de Condé. Je suis fâché de le savoir malheureux. Je ne veux pas priver Mme De.... d'un tableau qui doit lui être cher : offrez-lui de ma part un billet de mille francs. Dites à N.......... de vous le remettre. » Monsieur le comte de Nantouillet fut obligé de retarder l'exécution des ordres de Son Altesse Royale jusqu'au commencement du mois suivant, attendu que non-seulement la caisse de bienfaisance, mais encore la caisse de service, étaient épuisées par le grand nombre de secours que le Prince avait accordés.

Un vieillard, nommé Manuel, portier à l'Élysée, tomba

malade, il y a environ deux ans, dans le logement qu'il occupait au palais ; Monseigneur le Duc de Berry apprenant la nouvelle de sa maladie, alla le voir aussitôt. Le Prince lui fit donner par son médecin les plus prompts secours ; mais ils furent inutiles, le vieillard mourut. Son Altesse Royale remit à la veuve une somme de huit cents francs, et lui promit une place auprès de Madame la Duchesse aussitôt qu'elle serait accouchée. Sa promesse fut bientôt réalisée, et la veuve Manuel obtint en effet, après l'accouchement de la Princesse, une place de douze cents francs qu'elle possède encore aujourd'hui.

Un jour, prêt à monter en voiture, le Prince remarqua sur le siége un vieux cocher : « Je ne veux plus que tu me « mènes, lui dit-il ; il est temps que tu te reposes, je te l'ai « déjà dit. — J'ai encore assez de forces pour servir Monsei- « gneur ; et puis, il faut vivre. — Comment vivre ! répliqua « avec vivacité Son Altesse Royale ; n'as-tu pas une pension ? « — Oui, Monseigneur, mais j'ai aussi une nombreuse fa- « mille à nourrir. — J'ajoute douze cents francs à ta pen- « sion ; mais, je t'en prie, mon vieux, repose-toi. »

Le prince entendait à chaque instant retentir les cours de son palais du nom de *Joseph*. Qu'est-ce donc que ce Joseph ? dit-il à l'un de ses gens. On lui répond que c'est un homme de peine sur qui les gens de livrée se déchargent des gros travaux de la maison. Pour un cœur bienfaisant, il n'est point de petits détails lorsqu'il s'agit d'une bonne action. Le Prince fait appeler Joseph : « Eh bien ! mon pauvre Jo-

« seph, il me semble qu'on ne t'épargne pas ici ; je n'entends
« appeler que toi. — Monseigneur, on est trop heureux de
« vous servir ; et puis, il faut travailler quand on a beaucoup
« d'enfans. — Tu as beaucoup d'enfans, mon pauvre Joseph ?
« eh bien ! je double tes gages : si tu as de la peine, je veux
« que tu aies au moins du profit. »

Nous croyons devoir reproduire l'article suivant, extrait
du *Journal de Paris*. Le récit qu'il renferme joint aux accens de la vérité l'empreinte d'une sensibilité vraie.

« Mardi dernier, une vieille paysanne était placée sur le
devant d'un des cabriolets qui vont à Saint-Germain : elle
pleurait. Ses vêtemens grossiers, ses mains gercées, les rides
profondes de son visage, tout l'ensemble de cette pauvre
femme annonçait de longues souffrances. Un des voyageurs
lui demanda le sujet de ses pleurs. — Hélas ! monsieur, j'ai
aujourd'hui le chagrin de tout le monde ; je pleure ce bon
prince que l'on porte à Saint-Denis maintenant. — Vous le
connaissiez ? — Je le connaissais par le bien qu'il nous faisait. Le Prince n'a traversé qu'une ou deux fois notre village, et je n'ai jamais été assez heureuse pour le voir ! —
Et comment vous trouvez-vous à Paris dans ce jour de deuil ?
— C'est justement pour cela, monsieur, que j'y suis venue ;
j'ai voulu assister aux derniers devoirs qu'on lui rendait ;
je me suis placée aussi près du Louvre que j'ai pu ; j'ai vu
tout le cortége, et je souffre moins. Et mon pauvre mari
serait bien venu aussi, lui ; mais la nouvelle de la mort de
ce bon prince lui a fait tant de mal, qu'il n'a plus la force

de se tenir. — D'où êtes-vous? — De la Celle, monsieur.
— Votre mari était-il au service du Prince? — Non, monsieur, mon mari est trop vieux pour travailler; et nos deux
garçons, que nous avons rachetés deux fois en vendant tout
notre petit bien, n'en ont pas moins été pris dans le temps;
on les a envoyés à la grande armée, en Russie, je crois, et
nous n'en avons jamais plus entendu parler...... Pauvres enfans! — Vous n'avez plus d'enfans? — Si fait, monsieur
il nous reste une fille; elle est employée comme ouvrière
dans la maison du Prince : c'est par elle qu'il a su combien
nous étions malheureux, et aussitôt le Prince nous a en-
voyé des secours; et tout l'hiver notre petite est venue nous
voir, nous apportant chaque fois un peu d'argent que le
Prince lui faisait donner pour nous. M. le maire a eu l'ordre
de nous donner, dans ces grands froids, du bois, des cou-
vertures, et un pain de quatre livres tous les jours; et les
autres pauvres de notre commune ont reçu tout cela aussi....
Quel cœur! Il avait bien ses vivacités, oh çà, oui; mais
comme il était bon! comme il aimait à faire du bien!
Tenez, monsieur, nous sommes bien à plaindre à présent;
mais il faut plaindre encore plus cette pauvre Princesse,
qui est aussi charitable que lui, et le Roi, et Monsieur,
et tout le monde; car un tel prince eût fait un bon roi.....
Ah! monsieur, les pauvres vont être bien malheureux.... »
Et la pauvre femme se prit encore à pleurer. Aux appro-
ches de Marly elle fit arrêter le cabriolet, descendit avec
effort, salua les voyageurs les larmes aux yeux, et, appuyée
sur un petit bâton, elle prit le chemin de traverse qui

mène à la Celle , en répétant : « Que les pauvres vont être malheureux ! »

« Les voyageurs attendris la suivirent long-temps des yeux. Long-temps le souvenir de cette oraison funèbre, rapportée ici fidèlement, restera gravée dans leur cœur..... Les habiles orateurs qui se préparent à célébrer du haut de la chaire évangélique les vertus de la royale victime, ne sauraient se montrer plus éloquens que ne l'étaient les pleurs et le langage naïf de la vieille paysanne de la Celle. »

M. Levasseur , avocat, a bien voulu me communiquer les détails suivans (1); ils achèveront de peindre l'âme bienfaisante du prince que nous pleurons.

« Au milieu des regrets universels , des accens douloureux qui retentissent d'une extrémité de la France à l'autre, et qui déjà ont porté le deuil chez les nations voisines ; aux nombreux éloges déjà insérés dans les feuilles publiques, qu'il me soit permis de joindre ici quelques particularités, et d'offrir les détails que, par ma position, j'ai été assez heureux de pouvoir recueillir.

« Pendant près de six mois de 1814 que j'ai été chargé, par l'intermédiaire du secrétaire du conseil du roi, du travail de toutes les pétitions adressées à son Altesse Royale le Duc de Berry, j'ai dû, d'après ses ordres, lui faire remettre chaque soir une feuille contenant les noms, prénoms, qualités des demandeurs, l'analyse de leur requête, leurs titres

(1) Ces détails ont été insérés dans la dixième livraison du Mémorial de l'industrie française, des sciences et des arts, dont M. Levasseur est l'un des principaux rédacteurs.

à sa protection, à ses bienfaits ou à sa recommandation, et des conclusions basées sur les renseignemens fournis, soit par des personnages dignes de sa confiance, soit par les ministres des différens cultes ou par les autorités civiles et militaires, et motivées sur la connaissance directe que je devais me procurer dans leur propre domicile, sur leur véritable état et sur la situation plus ou moins pénible de leur infortune.

« Ce prince bienfaisant, chaque soir, avant de se laisser aller aux douceurs du sommeil, avait coutume de donner une décision sur toutes les demandes comprises dans le rapport du jour, et il arrivait rarement qu'elle fût défavorable. Mais ce qu'il y a surtout de bien remarquable et de bien touchant, c'est qu'aucun plaisir ne l'a jamais détourné de remplir cette tâche, qui fait tant d'honneur à son excellent cœur. On eût dit qu'en se l'étant imposée, il eût jugé, comme Titus, qu'un jour passé sans faire du bien était un jour perdu. C'est en se livrant constamment à cette occupation, au-dessus de tout éloge, que, dans le secret, il a essuyé tant de larmes, allégé le poids de tant de misères, et répandu le bonheur sur un si grand nombre de familles.

« Indépendamment des secours extraordinaires que ce Prince accordait, soit à de grandes infortunes, soit à des communes affligées de quelques fléaux, soit à des administrations de bienfaisance, à des sociétés philantropiques, aux incendiés, etc., etc., etc., une somme de six cents francs était encore régulièrement distribuée par semaine.

« Un hommage à rendre à la vérité, c'est que les gentilshommes de sa maison secondaient parfaitement ses vues généreuses par l'affabilité, la manière gracieuse et obligeante, par l'air plein de bonté avec lequel ils accueillaient toutes les personnes qui avaient quelque grâce à demander à Son Altesse Royale.

« Et c'est un tel Prince que le fer d'un vil assassin est venu arracher à l'amour des Français !...... Tout pénible et douloureux que peut nous sembler ce devoir, remplissons-le avec courage et résignation ! Puisque c'est la seule consolation qui nous reste, payons avec empressement à sa mémoire le tribut de regrets qu'il a tant mérité, et reportons sur son auguste famille les sentimens d'amour et de respect que nous éprouvons au récit de ses belles actions ou de ses bienfaits. »

BONTÉ, SENSIBILITÉ.

Les bienfaits d'un prince sont toujours chers aux yeux de l'humanité; mais ils excitent une reconnaissance bien plus vive lorsqu'ils sont accompagnés de cette affabilité, de cette bonté touchante qui en double le prix. Combien de fois Monseigneur le Duc de Berry, daignant descendre d'un rang élevé pour se rapprocher de l'humanité souffrante, offrit l'exemple de ces vertus, précieux ornemens de la bienfaisance! Nous nous sommes adressé à plusieurs de ses gens; tous ont versé des larmes en s'entretenant de ce prince adoré. Si quelquefois, se livrant à sa vivacité naturelle, il affligeait un cœur trop sensible; s'il réprimandait un peu sévèrement un serviteur maladroit ou négligent, l'instant d'après, redoublant de bonté envers celui qui avait été l'objet d'un mouvement d'humeur, il acquérait de nouveaux droits à sa reconnaissance, et on l'aimait encore davantage.

Prenant le plus vif intérêt aux personnes attachées à sa maison, il s'informait avec sollicitude de l'état de leurs affaires, et allait, par ses bienfaits, au-devant de leurs besoins. Si l'un d'eux était malade, non content de le faire soigner à ses frais, il le visitait, et, par ses paroles consolantes, savait alléger le poids de ses souffrances.

Lorsqu'il partageait les périls et la gloire de l'armée de Condé, on le vit s'imposer avec joie les plus pénibles privations pour venir au secours de ses frères d'armes. Il s'informait secrètement de leurs besoins ; après chaque affaire, il se faisait rendre compte des pertes qu'ils avaient éprouvées, et ces officiers retrouvaient ordinairement dans leur bagage ou dans leurs poches des secours, des moyens de réparer leurs pertes, et ils bénissaient la main inconnue qui savait répandre ses bienfaits avec tant de délicatesse.

Raconter tous les traits de bonté de ce prince, qui connaissait si bien l'art de conquérir les cœurs, serait une tâche immense ; car chaque jour de sa vie fut marqué par l'exercice des vertus. Bornons-nous à retracer quelques-uns de ces traits : ils portent un caractère touchant de bonté et de sensibilité.

Semblable à l'aurore d'un beau jour, l'enfance de Monseigneur le Duc de Berry fit présager les vertus qui devaient se développer dans un âge plus avancé. On put apercevoir dès-lors les indices de la bonté jointe à l'énergie ; on reconnut dans son caractère une fermeté qui ne cédait qu'au devoir, à la persuasion, ou à la bonté de son cœur. C'est ainsi que, faisant un jour vibrer avec le bout du doigt les vitres d'une croisée, et s'obstinant à continuer ce bruit désagréable, il le cessa dès que sa gouvernante, madame la duchesse de Caumont, eut dit assez haut pour qu'il le pût entendre que ce froissement continuel lui faisait mal aux nerfs. Le Prince n'avait alors que cinq ans.

Monseigneur le Duc de Berry venait d'entrer à Caen ; on était au 15 d'avril 1814. La joie, l'enthousiasme des habitans

Dessiné par Devéria.

Gravé par Charon

Il porta la main sur son cœur......

témoignaient assez combien ils étaient heureux de posséder un Bourbon dans leurs murs. La première action du Prince fut un bienfait ; il fit mettre en liberté plusieurs prisonniers détenus depuis deux ans pour une prétendue révolte occasionnée par la disette. Le lendemain de leur délivrance, Son Altesse Royale étant au théâtre, où l'on devait donner *la Partie de chasse de Henri IV*, ces pauvres gens parurent, au lever de la toile, à genoux sur l'avant-scène, avec leurs femmes et leurs enfans, levant les bras vers le Prince, et le bénissant. Tous les spectateurs virent des larmes d'attendrissement couler des yeux du Prince ; ne pouvant parler, il porta la main sur son cœur, exprimant ainsi sa vive sensibilité et le bonheur qu'il éprouvait à faire des heureux.

Lorsque Monseigneur le Duc de Berry rentra en France, il écrivit à M. Provenchère, qui avait été son sous-gouverneur, pour l'inviter à se rendre près de lui, et lui offrir la place de caissier de sa maison. Cet ancien serviteur, retiré en Amérique, témoigna au Prince toute sa reconnaissance ; mais lui exposa que son âge et ses infirmités l'empêchaient de passer en France. Monseigneur le Duc de Berry eut l'extrême bonté de lui écrire une seconde fois, pour annoncer à M. Provenchère qu'il toucherait les appointemens de sa place, quoiqu'il le dispensât de la remplir : en effet, le Duc de Berry n'avait point de caissier.

Dans un beau jour du mois d'août de l'année 1816, la chasse de Monseigneur le Duc de Berry ayant été terminée près de Sèvres, Son Altesse Royale ordonna que le daim fût porté sur la route, dans le village de Sèvres même, où la calèche de Madame la Duchesse de Berry avait été forcée de s'arrêter, ne pouvant gagner les hauteurs, où l'animal venait d'être pris. A l'instant, une foule d'habitans entourèrent le Prince et la Princesse, dont l'accueil plein de grâce attirait tous les cœurs : mais qu'on juge de l'exaltation de tous ces braves gens, lorsqu'au moment où les chiens allaient dévorer la proie qui leur était abandonnée, un jeune garçon qui tenait dans ses bras un enfant de trois mois, étant poussé par la foule, est renversé au milieu de la meute. Le Prince se précipite, saisit l'enfant qui jetait les hauts cris, et le remet lui-même entre les bras de ses parens, qui, ainsi que tous les spectateurs de cette scène attendrissante, redoublèrent leurs acclamations. Au moment de monter en voiture, Son Altesse Royale remit à M. le maire de Sèvres une somme de trois cents francs pour les pauvres.

Tout le monde connaît ce trottoir qui longe au nord le château des Tuileries, et où, durant la belle saison, des femmes du peuple, assises sur le degré de pierre qui le borne, suivent des yeux les jeux de leurs enfans. L'une de ces femmes, dont les vêtemens annonçaient la pauvreté, battait cruellement son fils ; le petit bonhomme poussait des cris aigus. Le Duc de Berry était à l'une des fenêtres du pavillon de Marsan. Son cœur, si bon, si compatissant, est ému de pitié. Il descend aussitôt, sort du palais, s'approche de la femme, et lui dit : « Malheureuse ! pourquoi bats-tu ainsi

Dessiné par Chasselat
Gravé par Texier

ce pauvre petit ? » La femme, qui ne connaît point le Prince,
répond assez aigrement qu'une mère a le droit de battre
son enfant, et que le sien est un mauvais sujet. Une des
personnes présentes apprend à cette femme qu'elle a l'honneur de parler au Duc de Berry. Elle se trouble, et balbutie
quelques excuses. Durant ce temps, le Prince considérait
avec compassion les vêtemens déchirés, l'air de misère de
l'enfant : « Tiens, dit-il à sa mère en lui présentant quelques
pièces d'or, voici de quoi mieux vêtir ton enfant ; achète-lui
des bas, des souliers, et mets-le à l'école, afin qu'il devienne
un bon sujet. »

Monseigneur le Duc de Berry se rendait il y a quelque
temps à Bagatelle dans son cabriolet. En traversant le bois
de Boulogne, il aperçut un enfant chargé d'un panier dont
le poids semblait excéder ses forces. Il arrête son cheval, et
questionne le petit paysan : — Mon père m'envoie à la Muette
porter ce panier qu'on attend. — Mais il paraît bien lourd,
ce panier ; il te fatigue. — Dame ! sans doute, mon bon monsieur ; mais c'est égal. — Donne-le-moi, répond le Prince,
je le remettrai en passant. — Vous êtes bien bon, ce n'est
pas de refus. Le prince fait placer le panier dans son cabriolet, passe à la Muette, le remet à sa destination, revient sur
ses pas, descend chez le père de l'enfant, et lui dit : « J'ai
rencontré ton fils ; il ployait sous le faix dont tu l'avais
chargé ; je l'ai aidé ; son panier a été remis tout à l'heure.
Une autre fois, épargne-lui tant de peine ; des fardeaux si
lourds altéreraient sa santé et l'empêcheraient de grandir.

Tiens, achète un âne qui portera tes paniers. » Son Altesse Royale donne alors une bourse au paysan, remonte en cabriolet, et reprend la route de Bagatelle.

Lors de l'avant-dernière chasse qui eut lieu à Saint-Germain-en-Laye, Monseigneur le Duc de Berry demanda l'un de ses piqueurs. On lui apprit que la femme de ce domestique venait d'accoucher. Ah! ah! dit le Prince, c'est bon, qu'il reste auprès d'elle, je me passerai bien de ses services durant quelques jours..... Est-ce un garçon? — Oui, monseigneur. — Eh bien! qu'on me l'apporte, je désire le voir. Quelques momens après, on lui présenta l'enfant; le Prince le prit dans ses bras, le caressa, et le porta ensuite à la Duchesse, en lui disant : « Caroline, vois le joli enfant! Tu désirerais bien avoir un petit garçon comme celui-ci, n'est-ce pas?..... Tiens, baise-le..... » La Duchesse prit l'enfant et le caressa; ensuite, coulant dans ses langes quelques pièces d'or, elle le rendit au duc, qui, le berçant doucement dans ses bras, lui disait : « Ne pleure pas, mon petit! » (1)

(1) « Rien de si touchant que le spectacle de ce Prince ramené sans cesse auprès du berceau de sa fille par le plus doux, le plus fort sentiment que la nature ait accordé à l'homme, l'amour paternel. Rien de plus attendrissant que les caresses dont il ne cessait de la couvrir. Elle avait chaque jour sa première et sa dernière visite, et, à quelque heure de la nuit que le prince rentrât, il allait donner à sa fille un baiser paternel.

« La gouvernante de la jeune Princesse lui ayant fait observer que cette habitude troublait le sommeil de l'auguste enfant : Cela ne m'arrivera plus, répondit le Prince, et désormais je viendrai deux fois le matin embrasser ma fille. » (Vie de Monseigneur le Duc de Berry, par DELANDINE DE SAINT-ESPRIT.)

Ils se jettent à ses pieds......

A peu près vers la même époque, Monseigneur le Duc de
Berry, étant à la chasse à Saint-Germain-en-Laye, eut un
moment de vivacité contre Aubry, chef des piqueurs. Au
retour, il lui dit : « Tu me boudes, Aubry? — Non, mon
Prince. — Ah! je vois que tu me boudes; est-ce que tu ne
me connais pas? Tiens, donne cela à ta femme. » Il lui remit
une pièce de quarante francs, et y fit ajouter une pièce du
gibier de la chasse.

Le Roi devant chasser le cerf à Rambouillet, Monseigneur
le Duc de Berry, accompagné du lieutenant de la vénerie, se
fit un plaisir d'aller lui-même *faire le bois*, c'est-à-dire dé-
tourner le cerf qui devait être chassé. Il était cinq heures du
matin, lorsque auprès d'un marais il aperçoit deux hommes
qui semblent vouloir se dérober à sa vue. Le Prince, pensant
que ce sont des malfaiteurs, ordonne à l'officier de les re-
connaître. Cependant il s'approche lui-même, et bientôt son
œil pénétrant a découvert la vérité. Qui êtes-vous? leur
dit-il..... vous êtes des déserteurs?..... A ces mots, les deux
hommes se jettent à ses pieds en lui demandant grâce. Ils
avouent la vérité; ils avaient déserté leur légion. Le Prince
les interroge sur le motif qui les a portés à commettre cette
faute; ils allèguent la misère de leurs parens, et redoublent
leurs supplications. Le Prince, attendri, leur promet de solliciter leur grâce du Roi; il leur enjoint de se trouver à un
endroit qu'il leur indique, et où Sa Majesté devait passer en
calèche. Cet ordre est ponctuellement exécuté, et Monseigneur le Duc de Berry présente les deux coupables au Roi.

en implorant pour eux sa clémence. Sa Majesté objecte l'énormité de la faute; car ils avaient déserté avec armes et bagages : cependant elle consent à commuer la peine. Le généreux Prince insiste pour obtenir une grâce pleine et entière. Enfin, après avoir fait une exhortation touchante aux coupables, le Roi leur pardonne. Monseigneur le Duc de Berry écrit ensuite au colonel pour lui annoncer la grâce qu'il a obtenue, et il donne l'ordre de faire reconduire au corps les fugitifs, en recommandant qu'on ait pour eux des soins et des égards dont on se dispense ordinairement envers un déserteur. Mais il ne borne pas là ses bienfaits; non content de sauver la vie aux deux coupables, il vient au secours de leurs parens, et les tire de la misère où ils languissaient.

Monseigneur le Duc de Berry avait reçu quelques rapports défavorables sur l'un de ses valets de pied, que l'on accusait principalement de faire des dettes. Son Altesse Royale fit appeler ce domestique, et lui dit : « Est-il vrai que tu aies fait des dettes ?.... cependant tu es bien payé. » Après quelques momens d'hésitation, le valet de pied répondit qu'il avait sept enfans.—Comment sept enfans ! amène-les-moi, je veux les voir, ainsi que ta femme. Le valet de pied amena le lendemain toute sa famille. Le Duc, faisant ranger les sept enfans sur une même ligne, se mit à les compter, en commençant par le plus jeune ; il s'arrêta au quatrième, en disant : Voici ma part, et voilà la tienne. Et il ordonna que l'on prît soin des quatre enfans, et qu'on les fît élever à ses frais.

GÉNÉROSITÉ, GRANDEUR D'AME.

ÉLEVER son âme au-dessus des offenses, réprimer le désir de la vengeance, et tendre une main secourable à son ennemi, voilà de ces vertus sublimes qui annoncent une âme grande et forte, et qui caractérisaient le Prince que la France a perdu. Mais il est une autre vertu encore plus difficile à pratiquer pour l'homme que la naissance a placé au rang le plus élevé de la société, et cette vertu, le Duc de Berry la possédait encore : elle brillait de tout son éclat lorsque, emporté par la vivacité de son caractère, il blessait les sentimens de l'un de ses fidèles serviteurs ; alors, convenant avec franchise d'un tort presque toujours involontaire, il savait le réparer avec noblesse ; et s'il semblait descendre un moment de la hauteur de son rang, c'était pour s'élever au-dessus de l'humanité.

Parmi les actes nombreux de générosité et de grandeur d'âme qui ont signalé la trop courte carrière de Monseigneur le Duc de Berry, on se plaît surtout à citer ce trait si beau, si touchant, rapporté par M. le marquis de Goulet, colonel de la légion de la Haute-Saône, dans une lettre qu'il écrivit au rédacteur de *la Quotidienne :*

« Pendant le séjour de l'infortuné Duc de Berry dans cette terre hospitalière qui aura toujours aux yeux de tout vrai

Français le mérite de nous avoir conservé nos Princes chéris, M. le comte de La Ferronnays ayant eu le malheur d'avoir avec le Prince une discussion assez vive, dans laquelle Monseigneur le duc de Berry, emporté par cette vivacité de caractère que rachetaient tant de bonté et de vertus, lui avait adressé des choses assez piquantes en présence de plusieurs de ses gens, s'était vu forcé de quitter le Prince, en lui adressant une lettre où il lui exprimait toute sa douleur de voir que ses services ne lui étaient plus agréables, et où il suppliait Son Altesse Royale de vouloir bien accepter sa démission.

« Le lendemain matin, Monseigneur le Duc de Berry lui écrivit un mot de sa main pour l'engager à dîner. Le comte de La Ferronnays se rendit aux ordres de Son Altesse Royale. Le dîner se passa en silence : une fois rentré dans le salon, le Prince se promena quelques minutes avec une grande agitation ; puis, s'approchant de la cheminée, il sonna avec force, et dit au valet de pied qui entra : Faites venir un tel et un tel (ceux de ses gens qui avaient été témoins de la scène de la veille). Aussitôt qu'ils furent entrés, le Prince, leur adressant la parole avec noblesse et dignité, leur dit : « Messieurs, vous avez entendu hier les choses beaucoup trop fortes que j'ai adressées à M. de La Ferronnays ; je veux que vous soyez aujourd'hui témoins de la réparation que je veux lui faire et que je lui fais ; que la scène qui s'est passée hier ne soit jamais un prétexte pour manquer au respect que vous lui devez : le premier qui aurait ce malheur, je le chasse...... Sortez. » Alors, se retournant vers le comte de

La Ferronnays et lui tendant les bras, il lui adressa ces mots
si nobles et si touchans : Es-tu content? Le comte de La Ferronnays, pénétré d'admiration et de reconnaissance pour
tant de bonté et de grandeur d'âme, se jeta, pour toute
réponse, en fondant en larmes, aux pieds de cet excellent
Prince, qui le releva, et pendant quelques instans le tint
pressé sur son cœur si bon et si sensible. »

Pendant ces années de peines et de gloire où l'armée de
Condé présentait à l'Europe l'exemple de la fidélité, de la
constance et de la valeur, la conduite de Monseigneur le
Duc de Berry offrit plusieurs de ces traits qui décèlent une
âme pleine de candeur et de magnanimité.

En 1799, il se trouvait, avec le régiment noble qu'il commandait, à Lotcazé en Volhinie. Non content de montrer
sa vaillance dans les combats, il était dans les camps le
modèle de la vigilance, et il s'attachait à maintenir la plus
sévère discipline parmi les guerriers qui étaient sous ses
ordres. Un jour, à la parade, il remarqua quelque négligence
dans la tenue d'une division ; il appela l'officier qui la commandait, et, se livrant à une vivacité qu'il n'était pas toujours en son pouvoir de réprimer, il lui adressa quelques
reproches. L'officier, blessé de la publicité de cette répri-
mande, s'oublia un instant, et se permit des expressions peu
mesurées ; mais ses camarades, par un mouvement généreux, s'efforcèrent de couvrir sa voix, afin d'empêcher que
ses murmures ne parvinssent aux oreilles du Prince. Le Duc
de Berry feignit de n'avoir rien entendu, et continua son

inspection. Après la revue, la colonne défila ; lorsqu'on eut atteint la lisière d'un bois qui se trouvait sur la route, le Prince appelle l'officier, met pied à terre, l'entraîne dans l'épaisseur de la forêt, et là, à l'abri de tous les regards, il tire son épée, et lui dit : « Monsieur, mon intention n'a pas été d'insulter un homme d'honneur ; ici je ne suis point un prince, je ne suis, comme vous, qu'un gentilhomme français. Si vous exigez réparation, je suis prêt à vous donner toutes celles que vous pourrez désirer. » L'officier, touché jusqu'aux larmes, dit, en découvrant sa poitrine : « Frappez, Prince, tout mon sang vous appartient ; mais je ne m'exposerai jamais à faire couler le vôtre. » Le Duc de Berry, profondément ému, jette son épée loin de lui, serre dans ses bras son brave compagnon d'armes, et lui voue dès ce moment un attachement qui ne s'est jamais démenti, et que justifiaient les sentimens honorables de celui qui en était l'objet.

Un jour, au milieu d'une chasse, un mouvement d'impatience anime Monseigneur le Duc de Berry contre une des personnes de sa suite. « Si vous me montrez tant de sévérité, lui dit le comte de B..., je m'en irai. — Hé bien ! allez-vous-en. — Et vous en serez fâché. — Certainement non. — Je m'en vais donc », dit le comte. Le soir, Monseigneur le Duc de Berry fit demander s'il reviendrait à la chasse ; le lendemain, il le fit demander encore : le soir, il l'en fit prier de nouveau. Le comte de B... arriva ; et d'abord Monseigneur le Duc de Berry s'avançant vers lui : « Monsieur, lui dit-il, puisque j'ai eu tort, est-ce les bras ou l'épée qu'il faut que je vous tende (1) ? »

Lors de son arrivée en France, le Duc de Berry apprit qu'aux environs de Bayeux se trouvait un régiment encore égaré par les suggestions des fauteurs de Buonaparte. Il manifesta l'intention d'aller lui-même essayer de gagner cette troupe à la cause royale. On lui représenta en vain que cette entreprise n'était peut-être pas sans danger. « Je n'ai rien à craindre, répondit le Prince, ce sont des soldats français ! » et il partit. Arrivé à quelque distance du régiment, il envoya prier le commandant de lui prêter ses chevaux, parce que les siens étaient fatigués ; le commandant s'empressa de se rendre à ses désirs, et se mit lui-même en chemin pour aller au-devant du Prince. Le Duc de Berry le reçut avec cette franchise et cette affabilité qui lui étaient si naturelles. L'officier, subjugué par cet accueil bienveillant, lui offrit de le conduire auprès de sa troupe : « Braves soldats ! dit le Prince au régiment, je suis le duc de Berry. Vous êtes le premier régiment français que je rencontre ; je suis heureux de me trouver au milieu de vous. Je viens au nom du Roi, mon oncle, recevoir votre serment de fidélité ; jurons ensemble, et crions *vive le Roi !* » Les soldats répondirent avec transport à cet appel : mais un cri de *vive l'Empereur !* se fait entendre ; le colonel exprime son mécontentement : « Ce n'est rien, dit le Duc de Berry, c'est le reste d'une vieille

(1) Extrait de la notice sur Monseigneur le Duc de Berry, par M. le comte A. de Pastoret.

habitude; répétons encore une fois *vive le Roi!* » Et cette fois le cri fut unanime. Le Duc fit aussitôt distribuer une gratification aux soldats, et tous prirent la cocarde blanche. Les officiers, entourant le Prince, lui demandèrent la grâce de porter le nom de régiment de Berry. « J'en ferai la demande à Sa Majesté, répondit-il, et je serai flatté d'être le chef d'un corps dévoué à l'honneur et au Roi. »

Durant cette période désastreuse où l'usurpateur envahit le trône des Bourbons, Son Altesse Royale Monseigneur le Duc de Berry donna plusieurs exemples de cette générosité qui formait l'un des traits les plus saillans de son caractère. Nous emprunterons ici les expressions de l'historien de la campagne de 1815 (1).

« La maison du Roi reçut à Abbeville la plus douce récompense de sa fidélité : hommes, femmes, enfans, vieillards, toute la population entourait les officiers royalistes, et les portait pour ainsi dire en triomphe. Ces loyaux habitans d'Abbeville avaient vu le Roi la veille : les expressions d'amour, les attentions les plus touchantes avaient attesté leur dévouement. Un officier des cuirassiers ose mêler des cris séditieux à ce concert de bénédictions; il a l'insolence de crier *vive l'Empereur!* sur le passage même de Monseigneur le Duc de Berry. Le peuple et quelques grenadiers royaux allaient en faire justice; la clémence du Prince arrête les bras vengeurs prêts à punir le rebelle qui insultait aux malheurs de la famille royale. »

(1) M. Alphonse de Beauchamp.

Voici un autre trait, rapporté par le même historien.

« Le Roi ayant été forcé de quitter Lille à cause de la mauvaise disposition de la garnison, par l'esprit de révolte qui régnait parmi les troupes qui la composaient, expédia à sa maison l'ordre de se diriger sur Dunkerque. Malheureusement cet ordre ne parvint point à sa destination. Les Princes furent seulement informés à Béthune que le Roi venait de quitter Lille, et ils connurent alors toute l'étendue des malheurs qui menaçaient le royaume.

« Le cœur navré, mais sensibles à l'accueil des habitans de Béthune, les officiers de la maison du Roi y répondaient par des témoignages réciproques d'affection, lorsque tout à coup les cris d'alarme *à cheval, à cheval, voilà l'ennemi!* se firent entendre. En cinq minutes les gardes du corps, les compagnies rouges, les gardes de MONSIEUR sont en bataille sur la place de Béthune, tandis que les volontaires royaux occupent les remparts, et que les grenadiers à cheval sont déjà en présence du troisième régiment de lanciers, renforcés par cinquante grenadiers de l'ancienne garde, venus d'Arras, et marchant à eux d'un air menaçant. Tous les regards des royalistes brillaient du feu le plus pur; le nom du Roi sortait de toutes les bouches, et semblait promettre la victoire. On ne demandait qu'à charger. Bientôt les trois cents soldats sont investis de tous côtés par les troupes royales; et, dans l'excès de leur délire, ils font encore entendre le cri de la révolte. Survient Monseigneur le Duc de Berry à cheval, au moment même où M. de Talon faisait mettre pied à terre aux rebelles. Le Prince, accompagné du comte de Nantouillet, s'approche d'eux, parcourt leurs rangs, fait parler l'honneur, rappelle les soldats à la fidélité, et les engage à crier *vive le Roi !* Saisis de respect, mais retenus par leurs officiers, ils restent sourds à la voix du Prince. Il était maître de la vie de ces insensés ; enveloppés de toutes parts, ils tombaient au premier mot de sa bouche ; mais le digne rejeton de Henri IV répond à ceux qui l'invitent à faire un exemple : « Voulez-vous frapper des gens qui ne se défendent pas ? Vous voyez bien, dit-il ensuite aux buonapartistes, que nous pourrions vous exterminer tous ; mais vivez, malheureux, et disparaissez! » L'un d'eux se met à crier *vive l'Empereur et le Duc de Berry !* et tous répètent ce cri à la fois de révolte et de reconnaissance. Soumis à la voix de leur Prince, les royalistes ouvrent leurs rangs, et laissent passer en paix les rebelles. »

Dessiné par Fragonard.   Gravé par Pauquet.

Il était maître de la vie de ces misérables.

ÉQUITÉ.

Dans toutes les circonstances de sa vie, Monseigneur le Duc de Berry témoigna un ardent amour pour la justice; observateur rigide des lois, de la délicatesse et de l'honneur, il ne souffrait point que ceux qui lui étaient subordonnés y manquassent en rien. On ne vit jamais, durant les campagnes de l'armée de Condé, les braves qui étaient sous ses ordres laisser une seule dette dans les cantonnemens qu'ils abandonnaient. Il leur aurait dit, comme Henri IV disait à La Noue : « Il faut payer ses dettes... je paie bien les miennes »; mais sa main généreuse eût offert en secret à l'officier peu fortuné les moyens de satisfaire un créancier.

Voici un trait qui prouve jusqu'à quel point Son Altesse Royale portait le respect pour la justice et pour le droit de propriété. Nous le tenons de M. L........, témoin oculaire.

Un tiré avait lieu près du territoire d'une commune; l'affluence des curieux était considérable. Un homme, immobile comme un terme, se tenait à peu de distance du bout du fusil du Prince. Mon ami, lui cria Son Altesse Royale, retirez-vous, je crains de vous blesser. — Je suis sur mon terrain, et j'y reste, répondit grossièrement le manant. Les gardes voulaient le faire retirer. Le Prince s'y opposa, et dit seulement : « Voilà un propriétaire bien mal élevé ! » et il se retira lui-même.

6

AFFABILITÉ, POPULARITÉ.

L'affabilité est une vertu qui doit caractériser un descendant du grand Henri ; aussi Monseigneur le Duc de Berry la possédait-il au plus haut point. L'être le plus timide, effrayé à l'idée de la majesté d'un prince, s'enhardissait en voyant son air ouvert et plein de bonté ; il écoutait avec bienveillance les demandes qu'on avait à lui faire, et ses réponses, qui contenaient rarement un refus, offraient ce tour d'expression qui séduit et enchante. Il justifiait le dicton populaire que la manière de donner l'emporte sur le don lui-même ; et si l'on parlait avec reconnaissance de ses bienfaits, on citait avec plus de reconnaissance encore les paroles gracieuses dont ils étaient toujours accompagnés.

Combien de fois il lui échappa de ces mots heureux qui décèlent la bonté du cœur et la vivacité de l'esprit ! Il possédait surtout ce qu'on peut appeler l'éloquence militaire. Brave lui-même, il savait prendre le langage qui plaît aux braves ; et il aurait su, en électrisant ses soldats, les conduire à la victoire. Tout le monde connaît cette réplique si flatteuse pour les militaires français, un jour que, passant en revue un régiment, quelques soldats exprimaient avec franchise le regret de ne plus combattre sous Buonaparte : « Que faisait-il donc de si merveilleux ? demanda le duc. — Il nous menait à la victoire. — Parbleu! cela était bien difficile avec des braves (1) tels que vous! »

« Messieurs, disait-il au 10.ᵉ régiment de ligne, qui en 1815 n'avait pas quitté le duc d'Angoulême, j'ai une permission à vous demander; c'est de porter votre uniforme quand j'irai au-devant de mon frère. »

Assistant au banquet donné par la garde nationale parisienne dans les jardins de Tivoli, il voulait porter une santé en son honneur; prévenu par le duc de Grammont, le Prince s'écria : « Vous me l'avez volée; mais je vais en porter une qui est dans le cœur de tous les Bourbons : *A la prospérité de la France !* »

Lorsqu'en 1814 Monseigneur le Duc de Berry traversa la Normandie pour se rendre à Paris, il déploya durant ce voyage la plus touchante affabilité. Arrivé à Bayeux le 14 avril, il y fut reçu avec une affection qui faisait oublier l'étiquette. Après avoir passé la revue de la garde nationale, il prit le bras du commandant, et voulut se promener sans escorte au milieu du peuple qui se pressait autour de lui pour baiser ses mains et ses genoux; et l'on peut dire que, durant trois quarts d'heure, il ne cessa d'être porté dans les bras de ces bons habitans. Le Prince, ému au-delà de toute expression, répétait en portant la main sur son cœur : « Vivent, vivent les bons Normands ! » Dans le nombre des per-

(1) On prétend même que Son Altesse Royale se servit d'une expression plus énergique, et plus conforme au langage de ceux auxquels elle s'adressait.

sonnes qui lui furent présentées, il se trouvait un officier qui avait servi sous ses ordres dans l'armée de Condé. « Serais-je assez heureux, dit-il, pour être reconnu de votre Altesse ? — Si je vous reconnais ! s'écria le Prince ; vous devez avoir là, dit-il en écartant vivement les cheveux qui couvraient le front de cet officier, la cicatrice d'une honorable blessure reçue à la bataille d'Offenbourg. »

« Le jour qu'on amena de la fonderie du Roule la statue de Henri IV, un accident la fit arrêter long-temps à l'entrée de l'allée de Marigny, du côté de la place Beauveau. Monsieur et Monseigneur le Duc d'Angoulême attendaient en voiture, à l'extrémité opposée de l'allée, que la statue continuât sa marche. Le Duc de Berry, qui était sur la terrasse du palais de l'Élysée, reconnut les deux princes, et sortit aussitôt pour aller les rejoindre ; il était en frac, nu-tête, et sans aucune décoration ; la foule était immense, et lui fermait le passage : « Place, place », s'écria-t-il plusieurs fois. Comme il n'était pas reconnu, personne ne bougeait ; quelqu'un cependant arriva près de lui et le nomma ; les rangs s'ouvrirent à l'instant avec un empressement respectueux ; le Prince, en les traversant, disait à droite et à gauche : « Mes amis, je vous demande pardon, c'est mon père qui m'appelle, c'est mon frère qui m'attend. » Il serait difficile de rendre l'effet que fit sur le peuple ce peu de paroles prononcées avec l'expression d'une naïveté à la fois noble et familière. Pendant plus d'un quart-d'heure, le Duc de Berry, debout à la portière de la voiture, s'entretint avec ses augustes parens, pressé

par la foule qui formait un cercle autour de lui, et qui s'ouvrit de nouveau avec respect quand le Prince rentra à l'Élysée.
Pendant tout ce temps, on n'entendait que ces mots, répétés
à l'envi par les spectateurs : « Voyez ces princes, comme ils
sont bons ! comme ils sont confians ! » (Vie de Monseigneur
le Duc de Berry, par Th. Delbarre.)

Lors de la dernière chasse au tir qui eut lieu à Meudon,
la foule des villageois entourant le Prince d'une manière qui
pouvait lui être incommode, les garde-chasses voulurent la
faire éloigner de quelques pas. Son Altesse Royale, s'aperce-
vant de leur intention, leur ordonna de laisser au contraire
ces bons paysans s'approcher encore davantage de lui; puis,
s'adressant au nommé Poulain, boulanger à Meudon, il lui
dit de l'aider à compter son gibier. Celui-ci obéit avec empressement. Au moment de se retirer, le Prince, prenant
deux perdrix, les donna de sa propre main au boulanger,
en ajoutant : « Mon ami, reçois ces deux perdrix ; car toute
peine mérite salaire. »

Un jour que Monseigneur le Duc de Berry chassait à Rambouillet, il remarqua un homme d'une tournure militaire,
et portant la décoration de la légion d'honneur. Son Altesse
Royale l'invita à s'approcher, et lui demanda s'il n'était pas
officier, et dans quel corps il avait servi. L'officier répondit
qu'il avait appartenu à la vieille garde, et qu'il avait cru
devoir demander sa retraite à cause des circonstances. —
Vous avez eu tort, vous deviez rester au service des Bour-

bons. — Cherchant à s'excuser, l'officier dit qu'il était marié. « Et moi aussi, s'écria le Prince, je suis marié ; et cela ne m'empêcherait pas, si le moment venait, de verser jusqu'à la dernière goutte de mon sang pour le Roi et la France. Pourquoi n'en feriez-vous pas autant ? » Puis, lui plaçant amicalement la main sur l'épaule, il lui dit qu'il le recommanderait ; mais qu'il fallait absolument qu'il reprît du service. L'officier se retira profondément ému de tant de bonté.

A l'une des audiences de Monseigneur le Duc de Berry, une vieille dame, après avoir attendu en vain un moment favorable pour lui présenter un placet, le remettait dans son sac, et allait se retirer d'un air triste et consterné. Le Prince l'aperçut ; il se précipita sur ses pas en lui disant vivement, mais d'un air plein de bonté : « Vous oubliez, madame, de me donner votre placet. » Quelqu'un dit ensuite au Duc que ce n'était pas à la séduction de la jeunesse et de la beauté qu'il venait de céder : « Non, répondit-il, c'est à celle du malheur. »

AMOUR DE LA PATRIE.

Un enfant de onze ans, s'éloignant de sa patrie, s'écriait en sanglotant : « Chère France ! quand te reverrai-je ! » Cet enfant était le Duc de Berry ; déjà il portait dans son cœur le sentiment sacré qui attache l'homme au sol qui l'a vu naître, à ses concitoyens, et à son Roi. Ce sentiment ne s'éteignit jamais dans son âme ; semblable au feu sacré, il le porta dans la terre d'exil, et mille circonstances le firent briller avec éclat.

Combien de fois on le vit s'enorgueillir des exploits qui illustraient le nom français, en même temps qu'il déplorait la fatalité qui semblait s'attacher à la cause royale ! Un jour qu'il apprenait un nouveau succès de l'armée française, il s'écria douloureusement : « Ah ! que ne puis-je, au prix de tout mon sang, combattre un seul jour au milieu de ces braves rendus à la fidélité ! » A la vue des prisonniers français, oubliant ses justes ressentimens, il leur prodiguait des secours ; quelquefois même il sollicita leur mise en liberté. Au-dessus d'un froid calcul, son âme généreuse ne pensait point qu'en brisant leurs fers, ils pourraient encore peut-être tourner contre lui les armes qu'il leur rendait. « Monseigneur, lui disait quelqu'un, j'ai trouvé à Londres bien des gens qui se louent de votre bienveillance. — Ah ! s'écriait-il, et si c'avaient été des Français !..... »

Pendant son séjour en Angleterre, ramené souvent par un instinct secret sur les bords de l'Océan, les yeux humides de larmes, il contemplait les rivages de la France. Son plus vif désir, disait-il, était de revoir un jour cette terre de ses aïeux..... Il la revit..... mais, hélas! c'était pour y trouver la mort!

Ce fut le 13 avril 1814 que Monseigneur le Duc de Berry mit le pied sur le sol français. Il devait débarquer au port de la Délivrance, près de Caen; mais, passant à la vue de Cherbourg, Son Altesse Royale y fut saluée à tant de reprises par l'artillerie des forts et de la flotte, qu'elle ne put résister au désir que manifestaient les habitans de cette ville, et à l'impulsion secrète qui le poussait vers sa patrie. Il quitta donc la frégate qu'il montait pour s'embarquer dans un canot. Il se confia, en y joignant les témoignages d'une affectueuse bienveillance, aux soins des matelots français, qui le descendirent à terre en le portant dans leurs bras. La plus vive sensibilité se peignait dans les yeux et sur toute la physionomie du Prince, qui s'écria avec une profonde émotion en touchant le sol français : « Chère, chère France! je te revois enfin! Je suis heureux; je suis au milieu de mes amis, de mes frères! » Quelques personnes venues au-devant de lui, le voyant accompagné seulement de ses aides-de-camp, crurent devoir lui conseiller d'attendre que l'on eût annoncé son arrivée avant de paraître; il répondit : « En me jetant au milieu des Français, je puis peut-être trouver à combattre; mais je n'y trouverai jamais un assassin. »

Il reçut ensuite les félicitations des officiers de terre; et, après leur avoir adressé quelques paroles touchantes sur la félicité qu'il éprouvait en se trouvant au milieu d'eux, il ajouta : « Nous n'apportons dans notre patrie que l'oubli du passé, la paix, et le désir du bonheur des Français. »

Oui, ce désir régnait dans son âme; il aimait la France; et son regret le plus amer, en mourant, fut causé par le sombre avenir dont il la voyait menacée.

ZÈLE POUR LE BIEN PUBLIC.

Monseigneur le Duc de Berry donna constamment, durant sa trop courte carrière, l'exemple de cet amour du bien public qui caractérisa toujours les grands princes, les bons rois, et que partagent les membres de son auguste famille.

Constamment occupé de la prospérité de sa patrie, il voyait avec une joie mêlée d'un louable orgueil les succès de l'industrie française. Pendant ses voyages dans les départemens, il visitait avec sollicitude les ateliers et les manufactures. Suivant avec intérêt les procédés des arts, il entrait dans les détails de la fabrication, et se plaisait à interroger les chefs d'ateliers. Il aimait surtout à récompenser par des distinctions honorifiques, ou par une utile protection, le génie qui crée ou l'industrie qui met en valeur.

Ce n'était pas seulement dans ces occasions que se déployait le zèle du Prince. Sans parler ici des nombreux bienfaits qu'il répandait sur les communes frappées de quelque fléau dévastateur, sans parler de ces actions généreuses inspirées par l'humanité ou par l'amour de la patrie, on pourrait encore citer une foule de traits où brillent son dévouement et son ardeur pour le bien public : telle est, par exemple, la conduite de Son Altesse Royale lors de l'incendie de l'atelier des messageries ; non content de donner d'utiles conseils et des ordres pleins de sagesse, on la vit au milieu des flammes diriger les travailleurs, et les encourager, par son exemple, à braver le péril.

Le Prince n'abandonna le lieu de l'incendie que lorsque le danger eut cessé ; mais, avant de s'éloigner, il voulut voir les pompiers et les ouvriers qui avaient été blessés ; il leur adressa des paroles remplies de bonté, et leur fit remettre le lendemain une somme de mille francs.

Dessiné par Martinet.   Gravé par Gusd.

Un pas de France ne sait pas attendre ta gloire.

AMOUR DE LA GLOIRE, VALEUR.

« Que ceux qui sont en arrière courent s'ils veulent arriver
« avec moi : un fils de France ne sait pas attendre la gloire,
« il doit marcher au-devant d'elle. » Telle fut la réponse
noble et fière que le Duc de Berry fit aux prudentes repré-
sentations d'un général étranger, dans une occasion où le
Prince s'était élancé avec un petit nombre des siens hors
de la ligne chargée de soutenir son action, et qui ne s'ébran-
lait pas assez vite au gré de son ardeur (1).

Ces paroles promettaient un héros, et la conduite de Monseigneur le Duc de Berry durant les campagnes de l'armée
de Condé réalisa cette promesse.

Valdau et Saint-Mergen, dont, l'épée à la main, il emporta
les redoutes successives ; Steinstadt, où il se jeta le premier
au milieu du feu le plus vif (2) ; Ober-Kamlach, où il vit
avec le sang-froid d'un vieux guerrier tomber autour de lui
les boulets et les obus, sont autant de témoins de sa bravoure.

A peine âgé de six ans, Monseigneur le Duc de Berry manifestait déjà le goût le plus vif pour les exercices militaires ;

(1) Oraison funèbre de Monseigneur le Duc de Berry, par M. de
Quélen.

(2) Notice sur Monseigneur le Duc de Berry, par M. le comte de
Pastoret.

la vue d'un régiment en bataille excitait son enthousiasme ,
et le premier coup de canon qu'il entendit le transporta de
joie. Au récit d'un exploit guerrier, au tableau d'un combat, le feu du courage brillait dans ses yeux, et il témoignait
avec ardeur le désir d'imiter les grands capitaines dont on
lui racontait la gloire. Les petites guerres étaient devenues
son amusement favori ; il y développait le germe des talens
militaires qu'il devait un jour déployer sur un plus grand
théâtre.

Nous transcrivons ici une lettre que le Duc de Berry, âgé
de treize ans, écrivit de Turin à son auguste père ; elle res-
pire un noble enthousiasme pour la gloire et pour la
vertu (1).

Turin, le 15 août 1790.

« Avec quel plaisir nous avons reçu, mon cher papa, la
lettre de ce bon régiment de Berwick, et votre réponse ainsi
que celle de Monsieur ! Ah ! que n'y suis-je ! Je voudrais
bien voir ces bons soldats, et me battre avec eux. Je leur
dirais, comme notre bon Henri : « Camarades ! si dans la
« chaleur du combat vous perdez vos drapeaux, ralliez-vous
« à mon panache blanc, qui ne sera jamais qu'au chemin
« de l'honneur ! » Cette pensée me fait bouillir le sang dans
les veines. Mon cher papa, marchons pour rendre la liberté
à notre malheureux roi !

(1) Cette lettre est la réponse de celle par laquelle Monseigneur le
Comte d'Artois l'informait du noble dévouement du régiment de Berwick, sorti tout entier de France sous le commandement de M. le
comte O'Mahoni, et qui combattit sous ce digne chef tant qu'il fut
possible de combattre pour la cause légitime.

« Trente-deux officiers du Vexin sont arrivés à Nice remplis de zèle et de courage. Je n'en manquerai pas non plus ; je suis prêt à me bien battre.

« *Signé*, CHARLES-FERDINAND. »

Monseigneur le Duc de Berry avait à peine quatorze ans lorsque s'ouvrit la campagne de 1792 ; il obtint de son auguste père la permission d'aller le joindre, et de faire sa première campagne sous ses ordres. Cherchant constamment les occasions de s'instruire, il questionnait les officiers distingués par leur bravoure et par leur expérience. Plus d'une fois on dut réprimer son ardeur qui le portait à s'approcher des postes avancés ou à s'exposer au feu des batteries.

« Lors du combat de Stenay, le jeune Prince, qui était malade, suivait l'armée en voiture avec son gouverneur, et versait des pleurs de regret de son inaction. Il manifestait la plus vive agitation, et paraissait à chaque instant prêt à s'élancer de sa voiture, où son gouverneur le maintenait avec peine ; mais, dès que le bruit des obus eut frappé son oreille, il devint impossible de le retenir : il se précipita hors de la portière, s'empara du cheval d'un cavalier, et, partant au galop, alla joindre aux postes avancés les généraux, qu'il ne quitta plus de la journée.

« Depuis cet instant, il partagea les fatigues et les dangers de l'armée, se trouva à toutes les affaires, et mérita l'amour du soldat et l'estime des vieux guerriers. » (Vie de Monseigneur le Duc de Berry, par M. DELANDINE DE SAINT-ESPRIT.)

AMOUR DES ARTS.

L'amour des arts est une vertu chez un prince, quand elle le porte à encourager les talens. En les faisant fleurir par une généreuse protection, il contribue à la gloire et à la prospérité de son pays.

Dès son enfance, on remarqua chez Monseigneur le Duc de Berry un goût très-vif pour les arts d'imitation. Ses dispositions pour le dessin étaient remarquables. Plus tard, il cultiva avec succès la peinture. Son crayon facile retraçait avec charme un site pittoresque, le désordre d'un combat, ou le tableau animé d'un bivouac. Mais c'était surtout l'emploi aimable qu'il faisait de ce talent que l'on devait le plus admirer ; nous en citerons quelques traits.

Un charmant tableau de Wouwermans, représentant un choc de cavalerie, ornait le cabinet du roi de Sardaigne. M. de Sérent, appréciateur éclairé des productions des arts, l'avait beaucoup admiré. Le Prince, voulant ménager une surprise agréable à son gouverneur, dessina secrètement ce tableau à l'encre de la Chine, et lui fit présent de cette copie. M. de Sérent conserve soigneusement ce dessin, comme un témoignage précieux de l'amitié de son auguste élève.

Monseigneur le Duc de Berry visitait souvent l'atelier du célèbre Carle Vernet. Celui-ci, qui devait composer un ta-

bleau représentant une chasse de Son Altesse Royale, remarqua que, ne connaissant pas l'uniforme des gendarmes des
chasses, il serait obligé de le dessiner à leur quartier. Je le
connais très-bien, reprit le Prince, et je puis vous épargner
cette course. Son Altesse Royale fit à l'instant sur un mor-
ceau de papier un croquis représentant avec la plus grande
exactitude un gendarme des chasses. M. Carle Vernet a conservé précieusement ce dessin, qu'il se plaît à montrer à ses
amis. (*Extrait du Berryana.*)

Le Prince, voyant la facilité avec laquelle Madame la Duchesse dessinait le paysage, et le charme qu'elle répandait
dans ses compositions, voulut accroître les jouissances que
lui procurait la culture des arts en lui ouvrant une nouvelle
carrière. Il lui proposa de quitter le crayon pour le pinceau ;
et, voulant guider lui-même les premiers pas de Son Altesse
Royale dans ce nouvel art en doublant son émulation, il
passait des matinées entières à dessiner auprès d'elle, et
voyait ses rapides progrès avec une vive satisfaction.

Monseigneur le Duc de Berry aimait à contempler les
chefs-d'œuvre de notre musée, et les réflexions que pro-
voquait cet examen décélaient autant de goût que de sagacité.
Sa galerie particulière était ornée des meilleurs tableaux. Il
se plaisait surtout à l'enrichir des productions de l'école
moderne, et savait, par son suffrage éclairé, récompenser
les efforts du talent.

Un jeune peintre peu favorisé de la fortune trouva le
moyen de présenter à Son Altesse Royale un tableau qu'il
venait d'achever. Le Prince considère avec attention cet essai

d'un jeune talent; puis se tournant vers l'artiste, il lui dit :
« Monsieur, j'aperçois dans ce tableau l'aurore d'un talent
distingué. Vous serez un jour, je n'en doute pas , l'un des
soutiens de l'école française ; continuez, vous trouverez constamment en moi un protecteur zélé. » Il lui fit donner ensuite mille écus pour son tableau, prix de beaucoup supérieur à celui que pouvait attendre le jeune artiste.

RELIGION, CLÉMENCE.

Mᴏɴsᴇɪɢɴᴇᴜʀ ʟᴇ Dᴜᴄ ᴅᴇ Bᴇʀʀʏ reçut de bonne heure les leçons de la véritable sagesse. Élevé dans la connaissance de la loi divine, dans la crainte de Dieu, il conservait dans son cœur le dépôt intact de la foi chrétienne, et semblait en quelque sorte prédestiné à donner au monde un grand exemple de piété et de résignation.

Pour mieux peindre cette piété, nous emprunterons un moment les paroles d'un orateur sacré.

« Au milieu du tumulte des camps, malgré les illusions du monde et l'entraînement des désirs, sa foi jetait souvent de brillans éclairs : nous savons, et Dieu nous est témoin que nos paroles sont véritables, nous savons que, dans de graves et importantes circonstances de sa vie, il rechercha avec autant de franchise que de simplicité le ministre de la réconciliation, pour mettre ordre à sa conscience, et *se tenir prêt*, ainsi qu'il le disait lui-même, *à tout événement.* Nous avons appris de témoins fidèles que, dans les courses impétueuses de ses innocens plaisirs, la vue d'une croix plantée sur son passage faisait incliner sa tête, et qu'il la découvrait devant elle sans respect humain. Nous l'avons vu nous-mêmes, dans les jours consacrés à l'adoration de ce signe auguste, déceler non-seulement tout ce que sa croyance lui inspirait de vénération, mais encore tout ce que son âme renfermait de piété;........ nous l'avons vu, remplissant avec les princes de sa famille ce devoir de religion envers la croix, ne se contenter pas d'appliquer ses lèvres sur les pieds et les mains de son Sauveur, mais aller ensuite les coller avec une tendre affection sur la plaie de son côté, comme s'il eût pressenti que, blessé un jour au même endroit, il trouverait dans le cœur adorable de Jésus le don du repentir et la grâce des prédestinés........ »

Tels étaient les pieux sentimens que célébrait l'éloquence de la chaire, et que bientôt un funeste événement devait faire briller dans tout leur éclat. Mais nous n'essaierons point de dérouler ici le tableau sanglant du plus effroyable des crimes; cette tâche est au-delà de nos forces : reposons plutôt nos regards sur le spectacle imposant que présentent les derniers momens d'un Bourbon.

Hommes superbes qui aimez à vous parer de cette vaine philosophie, fille de la licence et de l'orgueil, envisagez la mort d'un fils de France! voyez ce héros chrétien reportant toutes ses espérances dans le ciel, et contemplant avec sérénité le trépas qui s'approche! Ni l'éclat du trône, ni le faste de la puissance ne font naître ses regrets ; s'il verse une larme, c'est sur les fautes dont il se croit coupable; il en fait hautement l'aveu, et s'humilie devant les hommes pour trouver grâce devant l'Être suprême. Voyez-le encore, donnant l'exemple d'une clémence héroïque, demander avec instance la grâce de *l'homme* qui l'a frappé, et dites lequel de vos héros serait capable de cette vertu plus qu'humaine!

Comparez ce calme d'une âme pure et résignée, cette fermeté qu'inspire la religion avec cette indifférence apparente qui accompagne la mort de vos prétendus sages, et que trahit toujours une crainte secrète. A l'aspect du tombeau entr'ouvert, ils ne déploient que cette espèce de courage qui naît du désespoir; repoussant les secours de la religion, ils s'enveloppent orgueilleusement dans le manteau du philosophisme, et s'élancent en désespérés dans l'abîme éternel.

Mais détournons nos regards de ce triste tableau; essayons plutôt de retracer quelques-uns de ces beaux momens qui ont précédé la mort de Monseigneur le Duc de Berry : à cette lecture, un sentiment d'admiration viendra tempérer une amère douleur, et l'on s'écriera : Sa mort fut belle comme sa vie !

Le crime venait d'être consommé; plein d'une noble résignation, Monseigneur le duc de Berry sentit que les secours de l'art ne pourraient prolonger son existence : « Je suis bien touché de vos efforts, dit-il à M. Dupuytren, mais ils sont superflus : ma blessure est mortelle. » Peu de momens auparavant, M. Bougon, chirurgien ordinaire de Monsieur, animé par un dévouement sublime, avait appliqué sa bouche sur la plaie, afin d'attirer par la succion le sang au-dehors. Le Duc le repoussa : « Que faites-vous, lui dit-il, la blessure est peut-être empoisonnée. » Prince généreux! vous n'auriez pas voulu de la vie, si, pour la conserver, il avait fallu mettre en péril celle d'un Français.

Bientôt après il fit entendre ces belles paroles : « Ah! qu'il est cruel pour moi de mourir de la main d'un Français! »

Puis, tournant ses regards vers d'illustres guerriers qui étaient près de son lit de mort, il ajouta : « Pourquoi n'ai-je pas trouvé la mort dans les combats au milieu de vous ! »

Ce Prince ne cessait de demander à voir le Roi ; il voulait solliciter la grâce de *l'homme* qui l'avait frappé. Il redoutait de mourir avant de l'avoir obtenue. Cette appréhension troublait ses derniers momens. Cependant, craignant d'être privé de cette consolation, il tourne toutes ses pensées vers la religion. Il appelle un respectable prélat, et, après avoir écouté ses paroles consolantes, il donne au monde un bel exemple d'humilité chrétienne. Quelle grandeur, en effet, dans cet aveu public et solennel des fautes échappées à une bouillante jeunesse ! Avec quelle componction il demande à Dieu le pardon de ses offenses, et avec quelle joie il reçoit du ministre de paix le sceau de la réconciliation ! Néanmoins, quelle que soit sa confiance dans la miséricorde divine, une crainte agite encore son esprit : « O mon frère ! dit-il en s'adressant au Duc d'Angoulême, pensez-vous que le ciel me pardonnera mes erreurs? — Comment le Toutpuissant vous priverait-il de sa miséricorde, répond Son Altesse Royale en levant ses mains vers le ciel, puisqu'il fait de vous un martyr ! » Cette scène avait attendri tous les cœurs ; mais l'émotion des assistans redouble, ils essaient en vain d'étouffer leurs sanglots, lorsque le Prince, levant avec peine ses mains défaillantes sur la tête de Mademoiselle, dit : « Pauvre enfant, je souhaite que tu sois moins malheureuse que ceux de ta famille!...... »

Cinq heures venaient de sonner ; on annonce le Roi. Dès

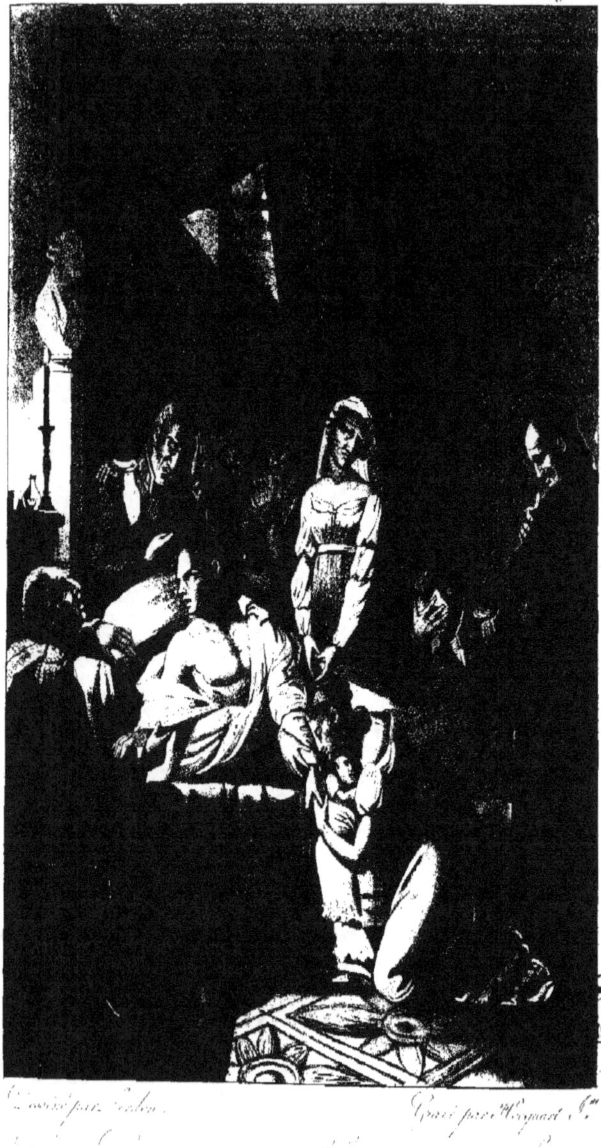

Dessiné par Colin. Gravé par Mlle Eyquard

Grâce, Sire, grâce pour l'homme qui m'a frappé !

que le Duc de Berry aperçoit Sa Majesté, il s'écrie : « Grâce,
Sire, grâce pour l'homme qui m'a frappé !..... Je vous en
conjure, grâce au moins de la vie pour l'homme..... Sire,
je mourrai en paix..... » Bientôt après, il cherche avec effort
à joindre ses mains défaillantes. Il tourne ses yeux mourans
vers le ciel, et profère ces mots, qui furent les derniers :
« O France !.... malheureuse patrie !.... » Et le duc de Berry
a cessé de vivre........

UNE personne à laquelle nous nous étions adressés pour
obtenir quelques renseignemens sur les belles actions de
Monseigneur le Duc de Berry, nous dit : « Quelles que
soient vos recherches, vous ne parviendrez jamais à connaître qu'une bien faible partie des belles actions de cet
excellent Prince : la bienfaisance et la charité faisaient la
base de son caractère ; mais la modestie était sa vertu favo-
rite..... » Ce langage fut celui de toutes les personnes que
nous questionnâmes dans le même but. En effet, chaque
jour nous dévoile quelque nouveau bienfait, quelque acte
de vertu ; il rappelle quelque mot où brille, avec les sentimens les plus élevés, toute la sublimité de la vertu. Entre
plusieurs traits venus à notre connaissance pendant l'im-
pression de cet ouvrage, nous citerons les suivans :

« J'ÉTAIS un jour, nous écrit M. L......, dans la galerie
du château de Fontainebleau avec un ancien militaire. Après
nous avoir adressé quelques mots flatteurs, le Prince l'ap-

pela, et, le tirant à l'écart, il causa quelques instans avec lui. Revenu près de moi, ce respectable vieillard me dit les larmes aux yeux : « Mon cher L......., quel bon Prince! Sans lui je serais mort de faim : tenez, me dit-il en me montrant un billet de cinq cents francs, voilà ce qu'il vient encore de me donner...... »

PEU de temps avant sa mort, le Duc de Berry, chassant dans la forêt de Saint-Germain, dit à l'un des gardes : « Tu dois m'en vouloir. — Moi, monseigneur ? — Oui, tu dois m'en vouloir : je me rappelle qu'à une de mes dernières chasses, n'ayant pas été heureux, je t'ai parlé avec vivacité : donne-moi la main. » Le garde, plein de respect et de confusion, s'excusa. « Tu m'en veux donc ? ou donne-moi la main. » Le garde, confondu de tant de bonté, avança en tremblant la main ; le Prince la saisit, et y glissa plusieurs pièces d'or. « Va, lui dit-il en le quittant, je te connais bien, tu as cinq enfans. »

UN malheureux charbonnier ayant perdu au jeu cinq cents francs, fruit du travail de plusieurs années, en se retirant désespéré chez lui, passa sur le Pont-Neuf ; là, il s'arrête un moment en silence...... Ensuite, s'approchant du parapet, tout à coup il s'élance dans la rivière. Quelques-uns de ses camarades qui l'avaient suivi s'y précipitent en même temps, plongent, l'atteignent, et le sauvent : ils le ramènent vivant à l'entrée du pont. Un groupe considérable se forme autour d'eux. Dans cet instant, Monseigneur le Duc de Berry, en cabriolet, survint. Après avoir questionné un des spectateurs

de cette scène, il mit pied à terre ; il était seul, et sans aucune marque distinctive qui pût le faire connaître. Il perce
la foule, et il entend les amis de l'infortuné s'écrier qu'eux
ainsi que leurs camarades se cotiseraient pour lui rendre les
cinq cents francs qu'il avait perdus. Alors Monseigneur le
Duc de Berry s'avance, tire de sa poche un billet de cinq
cents francs, et le remet à l'infortuné, qui veut se prosterner
devant l'ange libérateur qui le préserve d'un crime et qui
lui rend une heureuse existence ; mais le prince se dérobe
à sa gratitude : il s'échappe, remonte en voiture, et part
avec rapidité. Les charbonniers le suivirent de loin, et, ne
le perdant point de vue, ils arrivèrent à l'Élysée-Bourbon,
où ils apprirent le nom du généreux inconnu. Tous se sont
rendus en corps à la pompe funèbre de ce Prince, et ils
en ont fait un des plus beaux ornemens aux yeux de ceux
qui connaissaient cette histoire.

Nous terminerons ce recueil en présentant le tableau des
secours accordés à l'infortune par Monseigneur le Duc et
Madame la Duchesse de Berry. Nous confondrons dans le
souvenir du même bienfait deux noms qui seront à jamais
unis dans le cœur de tous les bons Français.

En 1814, secours accordés pendant l'année. . 25550 f.

En 1815 { sec. ord. de tous les mois. 13500 } 52005
{ secours extraordinaires. . 38505 }

En 1816 { secours ordinaires. . . . . 26000 / secours extraordinaires. . 43463 } 69463 f.

En 1817 { secours ordinaires. . . . . 26500 / secours extraordinaires. . 78749 } 104999

En 1818 { secours ordinaires. . . . . 26000 / secours extraordinaires. . 76694 } 102694

En 1819 { secours ordinaires. . . . . 27000 / secours extraordinaires. . 70555 } 97555

En 1816. aux départemens qui ont le plus
souffert. 50000
En 1817, *idem*. 50000

Total. . . . . , ... 1052066 f.

Dans cette énumération des sommes consacrées à la bienfaisance par Leurs Altesses Royales, nous n'avons pas compris celles que chaque jour elles répandaient elles-mêmes.

FIN.

le 26 février

Je ne puis pas plus sensible, Madame, à la marque de souvenir et de bonté que vous avez bien voulu me donner je regrette d'autant plus ce départ précipité que j'avois formé le projet d'aller vous faire ma cour puisque vous me destiniez à vous revoir.

J'espère que dans deux mois si nous n'avons pas le bonheur de vous voir au Quartier Général, vous me permettrez d'aller vous faire une petite visite ce dont je profiterai avec le plus grand empressement. Veuillez en attendant, Madame, recevoir avec votre bonté ordinaire, l'hommage de mon respectueux attachement avec lequel je suis, votre très humble et très obéissant serviteur.

Charles Ferdinand

LISTE

DE MM. LES SOUSCRIPTEURS.

Son Altesse Royale MONSIEUR, frère du ROI.

Son Altesse Sérénissime Madame la Duchesse douairière d'ORLÉANS, six exemplaires.

Son Altesse Sérénissime Monseigneur le Duc de BOURBON, prince de CONDÉ.

A

Madame la vicomtesse d'ABSAC, à Versailles.

M. Hippolyte d'AGAY, chevalier de Saint-Louis, secrétaire-payeur de la cassette du Roi.

Son Exc. M. le marquis ALFIÉRI DE SOSTEGNO, ambassadeur de Sardaigne.

M. le comte d'ALLEMANS.

M. ALLARD, artiste mécanicien.

M. le comte d'ANDIGNÉ, pair de France.

M. Aimé ANDRÉ, libraire. treize exempl.

Mme la vicomtesse d'ANGERVILLE, née Turgot, à Caen.

Mme la comtesse ANGLÈS, deux exemplaires.

M. le marquis d'ARAGON, pair de France.

M. le vicomte d'ARROT.

M. le colonel commandant supérieur, et lieutenant-colonel du corps royal d'ARTILLERIE de MARINE à Brest.

MM. les Officiers du corps royal d'ARTILLERIE de la MARINE à Brest.

M. le comte Eugène d'ASTORG, aide-de-camp de feu Son Altesse Royale Monseigneur le Duc de Berry.

M. le vicomte Florimond D'AUDIFFRET.

M. le duc d'AUMONT, pair de France, premier gentilhomme de la chambre du Roi.

Mme la duchesse d'AUMONT.

Mme la comtesse d'AUTICHAMP.

M. le marquis d'AUTICHAMP, gouverneur du Louvre.

M. AUCHER ÉLOY, libraire, à Blois.

M. AUVÉ, à Tours.

M. le duc d'AVARAY, pair de France, lieuten.-général, maître de la garde-robe du Roi.

B

M. BAILLARDEL.

M. le chevalier DE BALSAC, préfet de Tarn et Garonne.

M. le vicomte BARDON DE SEGONZAC, contre-amiral.

M. le chevalier BARON, directeur-général du Mont-de-Piété.

M. le chevalier DE BAZILLIAC, ex-officier des gardes-du-corps de Son Altesse Royale Monsieur, colonel en retraite.

M. le chevalier DE BÉARN, lieutenant des gardes-du-corps de Son Altesse Royale Monsieur.

Mme la duchesse DE BEAUMONT.

Mme la duchesse DE BEAUMONT-LUXEMBOURG.

Mme la comtesse DE BEAUREPAIRE, née Béthune.

M. le marquis DE BEAUVOIR, lieutenant-général aux armées du Roi.

M. BELIN DE JOUSSELINIÈRE, receveur particulier des finances, à Romorantin.

M. BELON, libraire au Mans, trois exemplaires.

M. le comte Raymond DE BÉRANGER, pair de France.

9

M. DE BERANVILLE, lieutenant-colonel, commandant le train d'artillerie de la garde royale.

Mme la vicomtesse DE BERTHIER-BING, deux exemplaires.

M. BESNIER, relieur.

M. le comte ARMAND DE BÉTHUNE, maréchal-de-camp.

Mme la comtesse DE BEUGNOT.

M. le comte DE BIENCOURT.

M. THOUAULT DE BOUREUILLE, chevalier de Saint-Louis.

Mme ARMAND DE BIZIEN, à Saint-Malo.

M. BOILEAU, écuyer, valet de chambre du Roi.

M. le baron DE BOMBELLES.

Mme la comtesse BONI DE CASTELLAN.

M. GASTON DE BONNECHOSE.

M. le marquis DE BONNEVAL, colonel-aide-major des gardes du corps.

M. le comte DE BORDESOULT, lieutenant-général.

M. le chevalier DE BOUCHERAT, à Blois.

M. le chevalier DE BOULANCY, sous-préfet à Lisieux, ancien chasseur noble de l'armée de monseigneur le prince de Condé.

M. le baron BOULART, command. l'école royale d'artillerie à Strasbourg.

M. le marquis DE BOURBON-CONTI.

M. le chevalier DE BOURBON-CONTI.

M. le colonel BOURGET.

M. le comte Jean DE LA SOUPPONNAYE, capitaine titulaire.

M. BOURGEOIS, colonel, commandant la 9e légion de la gendarmerie royale, à Niort.

M. le baron DE BOCHELET, premier valet de-chambre de Son Altesse Royale Monsieur.

M. le comte DE BOURMONT, lieutenant-général.

M. FAUVELET DE BOURRIENNE, ministre d'état.

M. le vicomte DE BOURY.

Mme la duchesse DE BRANCAS.

M. le comte DE BRETEUIL, maître des requêtes, ancien préfet.

M. le marquis DE BREUILPONT, colonel des cuirassiers du Dauphin.

M. BRICE D'UZI.

Mesdemoiselles DE BRILLON.

M. le comte DE BRISAY.

M. BRISOUET, secrétaire-général, chef de la comptabilité des écuries de Son Altesse Royale Monsieur.

M. le duc DE BRISSAC, pair de France.

M. le comte DE BROIN, ancien officier de la garde royale.

M. BROUILLET fils.

M. le chanoine BROUILLET, à Montpellier.

M. le baron BROWNE.

Mme la marquise DE BRUE.

C

M. CAREZ, bibliothécaire de la chambre des Pairs.

Mme la comtesse BONI DE CASTELLAN.

M. le marquis DE CAMBON, lieut.-colonel.

M. le comte DE CASTÉJA, préfet de la Haute-Vienne, à Limoges.

M. CHARLES DE CATALOGNE, étudiant en droit.

M. CAUFOURIER.

Mme la marquise DE CAUMONT LA FORCE, ancienne gouvernante des enfants de Son Altesse Royale Monsieur.

M. le comte DE CAUSANS, chef d'escadron.

M. ANTOINE DE CAUX.

M. le comte DE CAYLA, pair de France.

Mme CELLIER DE BEREUIL.

Mme CELLAS, deux exemplaires.

Mme la duchesse DE CERESTE.

M. le chevalier DE CHAMILLY.

M. DE CHAMPS, page de la chambre du Roi.

M. CHAPELLE, libraire, à Blois.

Mme la duchesse DE CHABOST.

M. le marquis DE CHASTEIGNER.

M. CHASTENET-BEAULIEU.

Mme la douairière MAZADE DE CHAUVELIN.

M. le vicomte DE CHELAINCOURT.

M. DE CHELERS, page de la chambre du Roi.

Mme la marquise DE CHERVILLE, à Chartres.

M. le comte César DE CHOISEUL, aide-de-camp de feu Son Altesse Royale Monseigneur le Duc de Berry.

M. le baron CHRISTOPHE DE LAMOTHE,

colonel de la gendarmerie royale de Paris.

M. le comte CLAPARÈDE, lieut.-général.

M. le marquis Amédée DE CLERMONT-TONNERRE.

M. le lieutenant-général vicomte DE CLERMONT-TONNERRE.

M. COMPAIN.

M. COQUELIN, chev. de la légion d'hon., commandant du château royal de Saint-Cloud.

Mme veuve DE CORNETTE.

M. COULON, avocat à Lyon.

M. le marquis DE COURTARVEL, lieutenant-général.

M. COURTIN, avocat.

M. le comte DE COUTARD, lieut.-général, commandant la 15.e division militaire à Rennes.

Mme CRAUFURD.

M. CRETET DE L'ALLUEL, maire du 3.e arrondissement.

M. CRONIER, notaire.

M. le duc DE CROY-D'HAVRÉ. Voyez HAVRÉ.

M. CURATTEAU DE COURSON.

D

M. DANZANVILLIERS, relieur.

M. DE DAX, premier page de la chambre du Roi.

M. DEFER, marchand d'estampes.

M. DEFFAUX, propriétaire.

M. le comte DE FRANCE, lieuten.-général, commandant la 1re division militaire.

Mademoiselle A. DELATTE, directrice d'une institution de jeunes demoiselles.

M. DELAULNE-MORINVAL, rentier, deux exemplaires.

M. le chevalier DELAUNAY, frère du gouverneur de la Bastille.

M. J. G. DESARBRES, maire de Villefranche.

M. DESMARES.

Mme la comtesse DESNANOTS.

M. le chevalier DEVÈZE, secrétaire de Son Altesse Royale Monsieur, trois exempl.

M. le lieuten.-général vicomte DIGEON, pair de France.

M. DOMPIERRE D'HORNOY, conseiller d'état, honoraire.

M. Charles DOYEN, négociant.

Le régiment des DARGONS DE LA GARONNE; 5.e de l'arme, à Niort.

M. LE DRU, maire de la commune de Fontenay-aux-Roses, membre du collége élect. du dépt. de la Seine, du conseil d'arrondissement, et suppléant du juge de paix de son canton.

M. le général DRUAULT, commandant le 2.e régim. d'infanterie de la garde royale, à Rouen.

Mme la vicomtesse DUBOURG DE BERTHIER BING, deux exemplaires.

M. DUBOURG D'ISIGNY, à Vire.

M. DUFOULEUR.

Mme la comtesse DUGUESCLIN DE GESVRES.

M. DUHALLAY-COETQUEN, lieut.-général, premier veneur de Son Altesse Royale Monsieur, frère du Roi.

M. le comte DUHAUTOIS.

M. DULAU, comte d'Allemans.

Mme DULESMONT.

M. DUMESNIL SAINT-GERMAIN.

M. le comte DUMOTET, ancien gentilhomme de la maison du Roi.

M. Charles DUPLESSIS DE MONTGELAS, chef-d'escadron-major au régiment des chasseurs de la Sarthe.

M. DUPUY, député.

M. DURAND DE LACALADE, brigadier des gardes-du-corps du Roi.

M. le comte DE DURFORT, pair de France

M. DURFORT DE DONISSAN.

E

M. L'ESCALOPIER.

M. le comte D'ESCARS, pair de France, lieutenant-général des gardes-du-corps de Son Altesse Royale Monsieur.

M. l'abbé D'ESPARBEZ, aumônier du Roi.

F

M. le comte DE FAUCIGNY.

M. FAUVELET. Voy. BOURIENNE.

Mme de FAVIÈRES, née Mandat.

M. Léon de FAYET.

Mme FECTOR, quatre exemplaires.

Mme FÉRAY, à Rouen.

M. le comte FERRAND, ministre d'état, pair de France.

M. le comte de FOLMON, chancelier de Son Altesse Royale madame la duchesse douairière d'Orléans, deux exemplaires.

Mme de FONTENELLE, deux exempl.

M. le comte Auguste de FONTENILLES, colonel des chasseurs de l'Isère, à Tours.

M. Auguste de FORESTIER, lieut.-colonel, secrétaire-général des Suisses.

M. A. FOUQUET, archiviste de Son Altesse Royale Monsieur, deux exempl.

M. le comte du FOURC, voy. D'HARGEVILLE.

Le Salon des Échecs du café de FOY.

Mme FRANCONI.

M. E. de FRESLON, chef de bataillon du corps royal d'état major.

M. de FRÉVILLE, secrét. honor. du Roi.

M. FROMENT, propriétaire.

M. le comte de FROTTÉ, maréchal-de-camp.

Mme veuve FROULT, libraire à Rennes.

G

M. le prince de GAGARIN.

M. GALIEN, directeur des douanes à Boulogne-sur-Mer.

Mme Thérèse de GAUFRETEAU.

M. de GERVAIS, conseiller d'état actuel de S. M. l'empereur de Russie.

M. GILLES, libraire à Brest, treize exemplaires.

M. le baron GOMBAULT, voy. BASAC.

M. GOMEL, avoué.

Mme la marquise de GONTAUT BIRON.

M. le chevalier GORY, porte-manteau de Son Altesse Royale Madame la Duchesse de Berry.

M. J. B. GOSSIN, ancien chanoine, grand-chantre et prieur commanditaire.

M. GOUJON, libraire.

M. le duc de GRAMONT, pair de France, lieutenant-général.

M. le marquis de GRAVE, pair de France, maréchal-de-camp, chevalier d'honneur de Son Altesse Sérénissime Madame la Duchesse d'Orléans.

M. le comte de CRÉPY

Mme de GUIBERT, à Courtalain.

Mme la duchesse de GUICHE.

M. GUINDRE.

M. le comte de GUYANCOURT, colonel, officier supérieur des gardes-du-corps du Roi.

M. le chevalier GY, chef de la comptabilité de la maison de feu Son Altesse Royale Monseigneur le Duc de Berry.

H

M. le marquis du HALLEY-COETQUEN, lieutenant-général, et premier veneur de Son Altesse Royale Monsieur.

M. le baron D'HANNENCOUR, capitaine-commandant de la vénerie du Roi.

M. le comte du FOURC D'HARGEVILLE, ex-officier de la gendarm. royale de Paris, chev. de l'ordre royal de la légion d'honn. et officier de l'ordre royal hospitalier et militaire du Saint-Sépulcre de Jérusalem.

M. le duc D'HAVRÉ et de CROY, lieuten.-général, pair de France, capitaine des gardes-du-corps du Roi.

M. HEBERT.

M. HENRY.

M. D'HERS.

M. BEUCLEUX, propriétaire.

M. le général baron D'HOGGUER, colonel du 7e régiment de la garde royale.

Mme la baronne D'HOGGUER, deux exemplaires.

Mme de CHORME.

M. BOMPIERRE D'HORNOY, conseiller-d'état honoraire.

M. le comte de la HOUSSAYE, lieutenant-général, commandant la 16e div. milit.

M. le colonel D'HOZIER, écuyer de Son Altesse Royale Monsieur.

M. le baron HUE.

M. HUET, artiste du théâtre Feydeau.

M. HUILLARD, instituteur des sourds et muets.

M. le baron HULOT, colonel du régiment de Douai, artillerie.

M. HUZAR, propriétaire.

J

M. l'abbé JAGAULT.

Mademoiselle DE JOSSIGNY.

M. JUBAULT, propriétaire.

M. le marquis DE JUIGNÉ, deux exempl.

M. le comte JULES DE JUMILHAC.

M. le marquis DE JUMILHAC, général, commandant la 16e division militaire.

M. JUNG, libraire, à Strasbourg.

K

M. J. KRAITER.

L

M. le comte PAUL DE LA BOURDONNAYE, capitaine titulaire.

Mme la marquise DE LACOSTE.

M. LAFARGE, deux exemplaires.

M. le comte DE LA HOUSSAYE, lieuten.-général, commandant la 14e div. milit.

M. le chevalier DE LA MOTHE, commissaire-ordonnateur des guerres en retraite.

M. le colonel DE LA PORTE, lieutenant-colonel du régiment d'artillerie à cheval de la garde royale.

M. LARMINAT, conservateur des domaines du Roi, maire de Fontainebleau.

M. le comte DE LAROCHEFOUCAULT.

Mme la marquise DE LA ROCHE-JACQUE-LIN.

M. le baron DE LATOUR-DU-PIN.

Son Excel. le marquis DE LA TOUR-MAU-BOURG, ministre de la guerre, deux exemplaires.

M. le baron DE LATOUR-RANDON

M. le chevalier DE LAUNAY, frère du gouverneur de la Bastille.

Mme la vicomtesse DE LAURENCH.

M. le comte DE LAURIS.

M. le marquis DE LAURISTON, pair de France, lieutenant-général.

Son Ex. M. le comte DE LOEWENHIELM, ministre plénipotentiaire de S. M. le roi de Suède et de Norwége.

Mme la comtesse DE LEAUTAUD.

M. LE BAILLY-D'INGHUEM, maire d.... à Béthune.

M. LEBLANC-DE-MARCONNAY, propriétaire, volontaire-royal, adjudant du deuxième bataillon de la sixième légion de la garde nationale.

M. LE DRU.

M. le chevalier LÉGER-DE-BRESSE, capitaine commandant la deuxième compagnie de gendarmerie royale.

M. le marquis LETOURNEUR, lieutenant-général, major des gardes-du-corps de MONSIEUR.

Mme DE LEZEAC, supérieure générale.

M. LIEVREL-DE-HAUSSY.

M. LOMBARD-TARADEAU.

M. le duc DE LORGE, pair de France, lieutenant-général, deux exemplaires.

M. LOUBERT, employé à l'administration des écuries du Roi.

M. LOUVRIER-D'YVINCOURT, premier commis du trésor de Son Altesse Royale MONSIEUR.

M

M. le comte DE MACNEMARA, gouvern. des pages de la chambre du Roi.

M. MAILLARD, maréchal-de-camp, à Metz.

M. le comte DE MAISTRE.

M. MALICHEFF.

M. DE MARCÉ, page de la chambre du Roi.

Mesdemoiselles DE MARCILLY.

M. MARGUERÉ, avocat, ancien procureur au Châtelet, ex-avoué près du tribunal de première instance du dép. de la Seine.

Mme MARLOT.

M. JULES DE MASSOL, garde-du-corps du Roi, compagnie de Luxembourg.

M. le marquis DE MATHAN, pair de France, quatre exemplaires.

Mme la comtesse DE MATIGNON.

M. ALFRED DE MAUSSION, sous-lieutenant des gardes-du-corps de Son Altesse Royale MONSIEUR.

M. le comte DE MÉDAVY, maréchal-de-camp.

Mme la marquise DU MENIL.

Mme la comtesse DE MESNARD, née CAU-MONT LAFORCE.

Mme la comtesse DE MIFFREY, dame d'atours de Son Altesse Royale Madame la Duchesse de Berry.

M. MIGNONNEAU, c^{er} ev. de Saint-Louis.

M. le baron DE MILLEVILLE.

M. le chevalier MOISEZ, colonel de la vingt-troisième légion de gendarm. royale, à Metz.

M. le baron MOLINI, contre-amiral, commandant la marine à Lorient.

M. MONGIE jeune, libraire.

Mme la comtesse DE MONTAUSIER.

Mme la marquise DE MONTBISE, à Blois.

Mme la baronne DE MONTBOISSIER.

M. DE MONTBRUN, page de la chambre du Roi.

M. le marquis DE MONTECLER, à Versailles.

M. le vicomte DE MONTELEGIER, maréchal-de-camp, aide-de-camp de feu Son Altesse Royale Monseig. le Duc de Berry.

M. le comte DE MONTFERRÉ, à Toulouse.

Mme la duchesse douairière DE MONTMORENCY.

Mme la comtesse DE MONTMORENCY.

M. le comte DE MONTMORT, sous-lieut. des gardes-du-corps de Son Altesse Royale MONSIEUR.

M. le baron DE MONTREUIL.

M. MORAT, chevalier de l'ordre du Roi.

M. le chevalier MOUSIN DE VILLERS, capitaine en premier de la quatrième compagnie de gendarmerie royale.

M. MULOT-D'AUGER, propriétaire éligible.

N

M. le marquis DE NADAILLAC, colonel du 5.e régiment de hussards.

M. le comte DE NANTOUILLET, premier écuyer de feu Son Altesse Royale Monseigneur le Duc de Berry.

Mme la duchesse DE NARBONNE-LARA, deux exemplaires.

Mme MARIE DE NARISCHKIN, née princesse CZETWENSKY, deux exemplaires.

M. NOURRY-DE-LA-FOLLEVILLE, maréchal-de-logis honoraire du Roi, chev. de l'ordre royal de la légion d'honneur.

M. JOHN NUGENT, colonel au service de S. M. britannique.

O

M. Claude-Antoine-François REBILLOT D'O-RÉAUX, chevalier de Saint-Louis, soldat de l'armée de Condé, et capitaine des volontaires royaux aux ordres de feu Son Altesse Royale Monseigneur le Duc de Berry, à Vesoul.

M. le comte D'ORMESSON-D'EAUBONNE.

Mme la comtesse D'ORSAY.

M. JOSEPH ORSEL, propriétaire.

P

M. le comte DE PACQUERAY-PALMESNE.

M. J. PALLIÈRE, officier à la légion de Loir-et-Cher.

M. le colonel baron PALLU-DUPARC, à Poitiers.

M. J. F. PARIS, conseiller de S. M. le Roi de Prusse.

Son Excel. M. le baron PASQUIER, ministre des affaires étrangères, trois exemplaires.

M. CHARLES GUILLAUME PASQUIER, secrétaire des commandemens de la feue reine, épouse de Sa Majesté.

M. le chevalier PERRONNET, prem. valet de chambre du Roi.

M. le chevalier F. PERROT, gentilhomme ordinaire du Roi.

M. PETIT, libraire.

M. PETIT-DENMIER.

M. J. PEYRONET.

M. PIGAULT-MAUBAILLARCQ, négociant à Calais.

M. PIHET, sous-chef au minist. de l'int.

M. DE PILLICHODY-DE-BAVOY, aide-de-camp suisse de Son Altesse Royale MONSIEUR.

Mme PLEYDELL, deux exemplaires.

Mme PLUQUET.

M. le duc DE POLIGNAC, pair de France, premier écuyer de Son Altesse Royale MONSIEUR.

Mme la duchesse DE POLIGNAC, deux exemplaires.

M. PONTHIEU, libraire.

Son Excel. M. le baron PORTAL, ministre de la marine.

M. le comte DE POTIER, maréchal de-camp, colonel des chasseurs à cheval de la garde royale, à Fontainebleau.

M. le comte DE POURTALÈS.

M. le comte DE POWER, sous-intendant militaire en retraite.

M. le vicomte DE PREISSAC, deuxième lieutenant des gardes-du-corps de Son Altesse Royale MONSIEUR.

M. Eugène DE PRUDHOMME.

Mme la comtesse DU PUGET.

Q

M. l'abbé QUARANTE

R

M. RAGOULLEAU-BOURON, directeur de l'ancien bureau royal de correspondance.

M. RAGUENEL DE MONTMOREL, propriétaire, à Rennes.

M. le marquis DE RAIGECOURT, pair de France.

M. le comte DE RANCHER.

M. le baron DE RASAC, colonel de caval., sous-gouv. des pages de la chambre du Roi.

M. RAVEZ, président de la chambre des députés.

M. REBILLOT. Voy. D'OREAUX.

M. REDON, libraire, deux exemplaires.

Son Excel. monseigneur le duc DE RICHELIEU, pair de France, président du conseil des ministres, deux exemplaires.

M. le comte DE LA ROCHEFOUCAULD.

Mme la marquise DE LA ROCHE-JACQUELIN.

Mme la duchesse DE ROHAN, deux exemplaires.

MM. DE ROTHCHILD frères

S

M. le comte Elzéar DE SABRAN.

M. le duc DE SAINT-AIGNAN, pair de France, lieutenant-général.

M. le comte DE SAINT-CHAMANS, maréchal-de-camp, colonel du régiment des dragons de la garde royale à Melun.

M. le comte DE SAINT-CYR, colonel de la légion de Tarn-et-Garonne à Montauban.

Mme la comtesse DE SAINTE-MARIE.

M. DE SAINT-HILAIRE, page de la chambre du Roi.

M. SAINTIN, libraire, douze exempl.

M. le baron DE SAINT-JACQUES, colonel, secrétaire des commandemens de S. A. S. monseigneur le duc de Bourbon, prince de Condé.

M. le vicomte DE SAINT-MARC, maréchal-de-camp, secrétaire-général de la légion d'honneur.

M. le marquis DE SAINT-PERN, chevalier de l'ordre royal et militaire de Saint-Louis, ancien capitaine des vaisseaux du Roi.

M. le vicomte DE SAINT-PRIEST, colonel, gentilhomme d'honneur et aide-de-camp de Son Altesse Royale Monseig. le Duc d'Angoulême.

M. DE SAINT-VICTOR, page de la chambre du Roi.

M. le marquis DE SAISSEVAL.

M. l'abbé SALET.

M. le prince Constantin DE SALM-SALM.

M. François SEDILLOT, propriétaire.

M. Barbot, vicomte DE SEGONZAC, contre-amiral.

Mme la comtesse DE SELVE.

M. le marquis DE SEMONVILLE, grand-référendaire de la chambre des pairs, deux exemplaires.

M. SERRE, garde de la manche du Roi.

M. STASSIN, à Bayeux.

T

M. le duc DE TALLEYRAND.

M. le comte DE TALLEYRAND.

M. le baron THIÉBAULT.

M. THIEBAULT, administrateur du bureau de charité du 6e arrondissement.

M. TIGER aîné.

M. J. A. TOUIN, étudiant en droit.

M. le prince DE TARENTE, duc DE LA TRÉMOUILLE.

M. TRICARD, notaire.

M. TUPIGNY, valet de chambre du Roi.

M. DE TURGY, premier valet de chambre de Son Altesse Royale MADAME, duchesse d'Angoulême.

U

Son excel. M. le baron D'UCHTRIGHTZ, ministre de Saxe, deux exemplaires.

M. le duc D'UZÈS, pair de France.

V

M. le chevalier DE VALDENE, secrétaire du cabinet de Son Altesse Royale MONSIEUR.

Mme VANONDENDYCKE.

M. le chevalier DE VARANGE.

M. le comte DE VATIMONT, à Versailles.

Mme la comtesse DE VAUDREUIL.

M. le marquis DE VÉRAC, ancien ambassadeur.

M. le comte ALPHONSE DE VERGENNES, chef-d'escadron de l'état-major de la garde royale.

M. le comte DE VERTHAMONT.

M. CHARLES VILETTE, valet de chambre du Roi.

M. l'abbé VILLARD, précepteur des pages de la chambre du Roi.

M. le marquis DE VILLEFRANCHE, député.

M. le chevalier MOUSIN DE VILLERS, capitaine en premier de la 4e compagnie de gendarmerie royale.

M. le général DE VILLERS-LAFAYE.

M. l'abbé DE VILLOT, ancien vicaire-général.

M. le baron DE VINCY DE LA B^e.

M. le baron DE VINZELLES.

Mme veuve VIOT.

M. DE WALVILLE, administrateur des Invalides.

M. WENDEL, député de la Moselle.

M. le général comte DE WINTZ.